USE E JOGUE FORA

NOSSO PLANETA, NOSSA ÚNICA CASA

Livros do autor publicados pela **L&PM** EDITORES:

Amares
Bocas do tempo
O caçador de histórias
De pernas pro ar: a escola do mundo ao avesso
Dias e noites de amor e de guerra
Espelhos – uma história quase universal
Fechado por motivo de futebol
Os filhos dos dias
Futebol ao sol e à sombra
O livro dos abraços
Mulheres
As palavras andantes
Ser como eles
O teatro do bem e do mal
Trilogia "Memória do fogo" (Série Ouro)
Trilogia "Memória do fogo":
Os nascimentos (vol. 1)
As caras e as máscaras (vol. 2)
O século do vento (vol. 3)
Use e jogue fora
Vagamundo
As veias abertas da América Latina

EDUARDO
GALEANO

USE E JOGUE FORA

NOSSO PLANETA, NOSSA ÚNICA CASA

Tradução de Eric Nepomuceno

L&PM EDITORES

A L&PM Editores agradece à Siglo Veintiuno Editores pela cessão das capas, que conferiram uma identidade visual comum à obra de Eduardo Galeano, tanto na América como na Europa.

Texto de acordo com a nova ortografia.
Título original: *Úselo y tírelo*
Primeira edição em espanhol: 1994
Primeira edição em espanhol revista, ampliada e ilustrada: 2023
Primeira edição no Brasil: julho de 2024

Tradução: Eric Nepomuceno
Projeto gráfico da coleção: Tholön Kunst
Capa: Pilar López Spada & Mr
Ilustrações de capa e miolo: Tute
Preparação: Patrícia Yurgel
Revisão: Luiza Gressler

CIP-Brasil. Catalogação na publicação
Sindicato Nacional dos Editores de Livros, RJ.

G15u

Galeano, Eduardo, 1940-2015
Use e jogue fora / Eduardo Galeano; tradução Eric Nepomuceno ; [ilustração Tute]. – 1. ed. – Porto Alegre [RS]: L&PM, 2024.
184 p. : il. ; 21 cm.

Tradução de: *Úselo y tírelo*
ISBN 9786556664873

1. Crônicas uruguaias. I. Nepomuceno, Eric. II. Tute. III. Título.

24-91951 CDD: 868.99398
CDU: 82-94(899)

Gabriela Faray Ferreira Lopes - Bibliotecária - CRB-7/6643

Rua Comendador Coruja, 314, loja 9 – Floresta – 90.220-180
Porto Alegre – RS – Brasil / Fone: 51.3225.5777

PEDIDOS & DEPTO. COMERCIAL: vendas@lpm.com.br
FALE CONOSCO: info@lpm.com.br
www.lpm.com.br

Impresso no Brasil
Inverno de 2024

Nota do editor argentino

Em 1994, quando a questão ambiental ainda não era uma preocupação global e cotidiana, e sim tema de conversa entre especialistas, Eduardo Galeano selecionou, de seus livros publicados até aquele momento, uma série de histórias que alertavam sobre um sistema devorador da natureza. Com a colaboração do editor Guillermo Sabanes, reuniram esses textos - que iam de *Vagamundo* a *Memórias do fogo* até *O livro dos abraços* e seu clássico *As veias abertas da América Latina* - com outros, que Galeano escreveu especialmente para a publicação. Assim veio à luz uma antologia chamada *Use e jogue fora,* pela editora Planeta.

Para esta edição, selecionamos as melhores histórias que seguem o mesmo tema e que apareceram em suas obras posteriores. Ao dar forma a este novo livro, reorganizamos e adaptamos o conteúdo original em três partes, que ordenam a leitura.

Além disso, este volume traz ilustrações de Tute. Com entusiasmo e generosidade, como em todas as suas colaborações anteriores com a editora Siglo XXI, Tute aceitou de imediato o convite e preparou as vinhetas que ilustram estas páginas e a capa, inspiradas em sua leitura pessoal da obra de Galeano.

Agradecemos especialmente os conselhos e o acompanhamento de Helena Villagra, assim como a colaboração sempre generosa de Eduardo de Freitas e Daniel Weinberg.

Neste livro, Galeano confessa seu pressentimento de que a humanidade sofrerá, em algum momento, um Juízo Final, em que um *supremo tribunal de bichos e plantas* nos acusará de termos convertido este mundo num deserto de pedras. Para não sermos declarados culpados, é hora de entender de fato que nosso planeta é nossa única casa.

Carlos Díaz

SUMÁRIO

PARTE I

ASSIM COMEÇOU TUDO

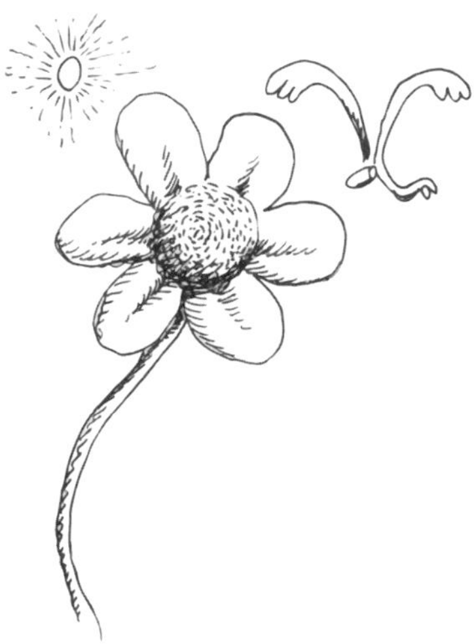

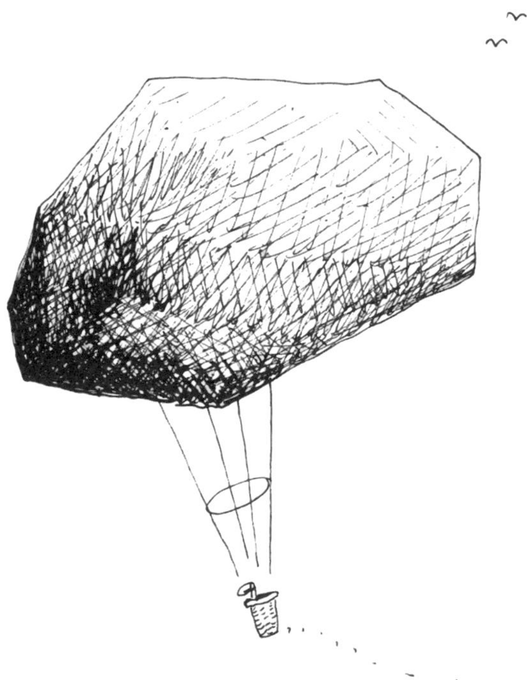

Cinco frases que fazem o nariz de Pinóquio crescer

"Somos todos culpados pela ruína do planeta"

A saúde do mundo virou um asco. *Somos todos responsáveis*, clamam as vozes do alarme universal, e a generalização absolve: se somos todos responsáveis, ninguém é.

Os novos tecnocratas do meio ambiente se reproduzem como coelhos. É a taxa de natalidade mais alta do mundo: os experts geram experts e mais experts, que se ocupam em envolver o tema no papel celofane da ambiguidade. Nas declarações dos governos e nos solenes acordos internacionais que ninguém cumpre, eles fabricam a brumosa linguagem das exortações ao *sacrifício de todos*. Estas cataratas de palavras, inundação que ameaça se converter numa catástrofe ecológica comparável ao buraco na camada de ozônio, não se desencadeiam gratuitamente. A linguagem oficial afoga a realidade para outorgar impunidade à sociedade de consumo, a qual impõem como modelo em nome do desenvolvimento, e às grandes empresas que espremem seu suco.

Mas as estatísticas confessam. Os dados ocultos debaixo do palavrório revelam que vinte por cento da humanidade comete oitenta por cento das agressões contra a natureza, crime que os assassinos chamam de *suicídio*, e é a humanidade inteira que paga as consequências da degradação da terra, da intoxicação do ar, do envenenamento da água, do enlouquecimento do clima e da dilapidação dos recursos naturais não renováveis.

A sra. Harlem Brundtland, que encabeça o governo da Noruega, comprovou recentemente que *se os 7 bilhões de habitantes do planeta consumissem o mesmo que os países desenvolvidos do Ocidente, fariam falta dez planetas como o nosso para satisfazer todas as suas necessidades.* Uma experiência impossível. Mas os governos dos países do Sul que prometem o ingresso no Primeiro Mundo, mágico passaporte que nos fará todos ricos e felizes, não deveriam ser processados só por mentir. Não estão apenas debochando de nós. Não: além disso, esses governantes cometem o delito de apologia do crime. Porque esse sistema de vida que é oferecido como paraíso, fundamentado na exploração do próximo e na aniquilação da natureza, é o que está adoecendo nosso corpo, envenenando a nossa alma e nos deixando sem mundo. Extirpação do comunismo, implantação do consumismo: a operação foi um êxito, mas o paciente está morrendo.

“É verde o que é pintado de verde”

Agora os gigantes da indústria química fazem sua publicidade em verde e o Banco Mundial lava a sua imagem repetindo a palavra *ecologia* em cada página de seus relatórios e tingindo de verde seus empréstimos. *Nas condições de nossos empréstimos há normas ambientais estritas*, esclarece o presidente do supremo banco do mundo.

Somos todos ecologistas, até alguma medida concreta limitar a liberdade de contaminação. Quando se aprovou no Parlamento do Uruguai uma tímida Lei de Defesa do Meio Ambiente, as empresas que jogam veneno no ar e apodrecem as águas subitamente tiraram a recém-comprada máscara verde e gritaram sua verdade em termos que poderiam ser resumidos assim: *Os defensores da natureza são advogados da pobreza, dedicados a sabotar o desenvolvimento econômico e a espantar o investimento estrangeiro.*

O Banco Mundial, por sua vez, é o principal promotor da riqueza, do desenvolvimento e do investimento estrangeiro. Talvez por reunir tantas virtudes, o Banco irá manejar, junto às Nações Unidas, o novo Fundo para o Meio Ambiente Mundial. Este imposto à má consciência irá dispor de pouco dinheiro, cem vezes menos do que os ecologistas haviam pedido para financiar projetos que não destruam a natureza. Intenção irreparável, conclusão inevitável: se esses projetos requerem um fundo especial, o Banco Mundial está admitindo, de fato, que todos os seus outros projetos prestam um mau serviço ao meio ambiente.

O Banco se chama Mundial, como o Fundo Monetário se chama Internacional, mas estes irmãos gêmeos

vivem, cobram e decidem em Washington. Quem paga manda; e a numerosa tecnocracia jamais cospe no prato em que come. Sendo, como é, o principal credor do chamado *Terceiro Mundo*, o Banco Mundial governa nossos países cativos, que por serviço da dívida pagam aos seus credores externos 250 mil dólares por minuto, e impõe a eles sua política econômica em função do dinheiro que concede ou promete. Não há maneira de saciar a sede dessa vasilha esburacada: quanto mais pagamos, mais devemos, e quanto mais devemos, mais obedecemos. A asfixia financeira obriga ao negócio de suco rápido, que espreme como uma fera a natureza e as pessoas, e que ao preço da devastação oferece divisas imediatas e lucro a curto prazo.

Assim é vetado o desenvolvimento interno e se desprezam o mercado interno e as tradições locais, sinônimos de atraso, enquanto povos e terras são sacrificados em nome da modernização, ao pé dos altares do mercado internacional. As matérias-primas e os alimentos são entregues a preço de banana, cada vez mais a troco de menos, numa história de desenvolvimento exterior que na América Latina leva cinco séculos de vida ruim, embora agora minta que é nova – neoliberalismo, Nova Ordem Mundial – e que só serviu, evidentemente, para desenvolver colossais aberrações.

A divinização do mercado, que compra cada vez menos e paga cada vez pior, permite entupir de bobagens mágicas as grandes cidades do Sul do mundo, drogadas pela religião do consumo, enquanto os campos se esgotam, as águas que os alimentam apodrecem e uma crosta seca cobre os desertos que antes foram florestas.

Até os dragões asiáticos, que tanto sorriem para a propaganda, estão sangrando por essas feridas: na Coreia do Sul, só se pode beber um terço da água dos rios; em Taiwan, não se pode comer um terço do arroz.

"Plantar árvores é sempre um ato de amor à natureza"

O mundo está sendo extirpado de sua pele vegetal, e a terra já não pode absorver e armazenar as chuvas. As secas e as inundações se multiplicam enquanto as florestas tropicais sucumbem, devoradas pelas explosões da pecuária e pelas culturas de exportação que o mercado exige e os banqueiros aplaudem. Cada hambúrguer custa nove metros quadrados da floresta centro-americana. E quando a gente fica sabendo que o mundo estará calvo mais cedo ou mais tarde, com alguns restos de floresta no Zaire e no Brasil, e que os bosques do México foram reduzidos à metade em menos de meio século, vale perguntar: quem são os perigosos? Os indígenas que pegaram em armas na floresta do estado mexicano de Chiapas ou as empresas de gado e madeira que estão liquidando essa floresta e

deixam os índios sem casa e o México sem árvores? E os banqueiros que impõem essa política, identificando progresso com máxima rentabilidade e modernização com devastação?

Mas acontece que os banqueiros abandonaram a usura para se consagrarem à ecologia, e a prova existe: o Banco Mundial concede generosos empréstimos para o reflorestamento. O Banco planta árvores e colhe prestígio num mundo escandalizado pela destruição de suas florestas. Comovente história, digna de ser levada para a televisão: o estripador distribui próteses às vítimas de suas mutilações.

Nestas novas plantações madeireiras os pássaros não cantam. As florestas naturais aniquiladas, que eram povoadas de árvores diferentes abraçadas ao seu modo e à sua maneira, fontes de vida diversa que sabiamente se multiplicava, nada têm a ver com estes exércitos de árvores todas iguais, plantadas feito soldadinhos de chumbo em fila e destinadas ao serviço industrial.

As plantações madeireiras de exportação não resolvem problemas ecológicos, os criam, e os criam nos quatro pontos cardeais do mundo. Um par de exemplos: na região de Madhya Pradesh, no centro da Índia, célebre pela abundância de seus mananciais, o desmatamento e as plantações extensas de eucalipto atuaram como um implacável mata-borrão que acabou com todas as águas; no Chile, ao sul de Concepción, as plantações de pinheiros proporcionam madeira aos japoneses e seca para toda a região. O presidente do Uruguai enche o peito de orgulho: os finlandeses estão produzindo madeira em nosso país. Vender árvores para a Finlândia, país madeireiro, é uma proeza, como vender gelo aos esquimós. Acontece, porém, que os finlandeses plantam no Uruguai os bosques artificiais que na Finlândia estão proibidos pela legislação de proteção à natureza.

"Entre o capital e o trabalho, a ecologia é neutra"

Pode-se dizer qualquer coisa de Al Capone, mas ele era um cavalheiro: o bondoso Al sempre enviava flores aos velórios de suas vítimas. As empresas gigantes da indústria química, da indústria do petróleo e da indústria automobilística patrocinaram boa parte da Eco-92, a conferência internacional que no Rio de Janeiro se ocupou da agonia do planeta. E essa conferência, chamada de *Cúpula da Terra*, não condenou as empresas transnacionais que produzem contaminação e dela vivem, e nem mesmo pronunciou uma única palavra contra a ilimitada liberdade de comércio que possibilita a venda de veneno. Como apontou naqueles dias o comentarista Andre Carothers, *no programa de ação finalmente aprovado, a principal referência às companhias transnacionais entra na categoria de grupos cujo papel nos processos decisórios internacionais deve ser reforçado, de maneira que as gigantes da indústria aparecem junto às crianças, às mulheres e aos grupos indígenas.*

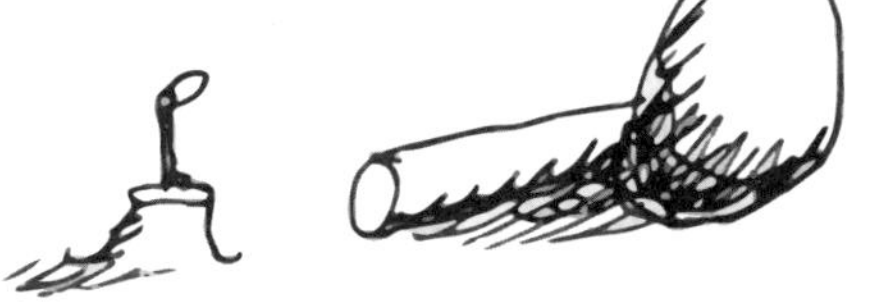

No grande baile de máscaras do fim do milênio, até a indústria química se veste de verde. A angústia ecológica perturba o sono dos maiores laboratórios do mundo, que para ajudar a natureza estão inventando novos cultivos biotecnológicos. Mas estas missões científicas dos grandes laboratórios não se propõem a encontrar plantas mais resistentes, que possam enfrentar as pragas sem ajuda química, mas sim buscar plantas capazes de resistir aos pesticidas e herbicidas que esses mesmos laboratórios produzem. Das dez maiores empresas produtoras de sementes do mundo, seis fabricam pesticidas (Sandoz, Ciba-Geigy, Dekalb, Pfizer, Upjohn, Shell e ICI). A indústria química não tem tendências masoquistas.

Por sua vez, as tendências homicidas e mundicidas dos grandes laboratórios não apenas se manifestam em países do Sul do mundo – para onde enviam, batizados com outros nomes, os produtos que o Norte proíbe –, mas também em seus países de origem. Na edição do dia 21 de março de 1994, a revista *Newsweek* informou que no último meio século o esperma masculino se reduziu à metade nos Estados Unidos, ao mesmo tempo em que se multiplicou espetacularmente o câncer de mama e o de testículo. Segundo as fontes científicas consultadas pela revista, os dados disponíveis indicam que a intoxicação química da terra e da água é a principal responsável por esses desastres, e essa intoxicação provém, em grande medida, de certos fertilizantes e pesticidas industriais.

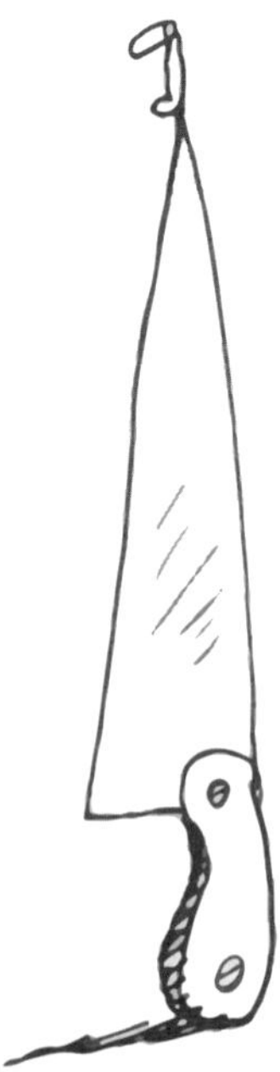

O que é bom para as grandes empresas é bom para a humanidade? A reconquista deste mundo usurpado, a recuperação do planeta ou do que nos reste dele, implica a denúncia da impunidade do dinheiro e a negação da mentirosa identidade entre a liberdade do dinheiro e a liberdade humana. A ecologia *neutra*, que mais se parece com jardinagem, se torna cúmplice da injustiça de um mundo onde a comida saudável, a água limpa, o ar puro e o silêncio não são direitos de todos, mas privilégios pelos quais poucos podem pagar.

Todos os mortos pela cólera na América Latina eram pobres, agora que voltou aquela peste dos velhos tempos: a água e os alimentos contaminados pelos direitos industriais e pelos venenos químicos mataram gente feito moscas. Será que Deus crê, como os sacerdotes do mercado, que a pobreza é o castigo que a ineficiência merece? Toda essa gente que cometeu o delito de ser pobre foi sacrificada pela cólera ou por um sistema que apodrece tudo o que toca, e que em plena euforia da liberdade de mercado desmantela os controles estatais e desampara a saúde pública?

Chico Mendes, seringueiro, foi assassinado no final de 1988 na Amazônia brasileira por acreditar no que acreditava: que a militância ecológica não pode se divorciar da luta social. Chico acreditava que a floresta amazônica não será salva enquanto não se fizer a reforma agrária no Brasil. Sem reforma agrária, os camponeses expulsos pelo latifúndio continuarão sendo pontas de lança da expansão do próprio latifúndio selva adentro, um exército de colonos mortos de fome que arrasam bosques e exterminam índios por conta do punhado de empresários que se apoderam da terra conquistada e por conquistar.

Cinco anos depois do crime contra Chico Mendes, os bispos brasileiros denunciaram que mais de cem trabalhadores rurais são assassinados a cada ano na luta pela terra, e calcularam que 4 milhões de camponeses sem trabalho se encaminhavam para as cidades a partir das plantações do interior.

Adaptando as cifras a cada país, essa declaração dos bispos retrata a América Latina inteira. As grandes cidades latino-americanas, inchadas a ponto de arrebentar pela incessante invasão dos exilados do campo, são uma catástrofe ecológica: uma catástrofe que não se pode entender ou mudar dentro dos limites de uma ecologia surda diante do clamor social e cega diante do compromisso político. Nossos formigueiros urbanos continuarão sendo infernos ecológicos, mesmo que se ponham em prática projetos surrealistas que deliram diante das consequências por impotência diante das causas: em Santiago do Chile propõem explodir um morro com dinamite para que os ventos possam limpar o ar; na Cidade do México são projetados ventiladores do tamanho de um arranha-céu...

"A natureza está fora de nós"

Em seus Dez Mandamentos, Deus esqueceu de mencionar a natureza. Entre as ordens que nos mandou lá do monte Sinai, o Senhor bem que poderia acrescentar, digamos: *Honrarás a natureza da qual fazes parte*. Mas não teve essa ideia. Há cinco séculos, quando a América foi capturada pelo mercado mundial, a civilização invasora confundiu a ecologia com a idolatria. A comunhão com a natureza era pecado e merecia castigo. De acordo com as crônicas da conquista, os índios nômades que usavam cascas de árvore para se vestir jamais raspavam o tronco inteiro, para não aniquilar a árvore, e os índios sedentários plantavam diversas culturas e com períodos de descanso, para não cansar a terra. A civilização que impôs a devastadora monocultura de exportação não conseguia entender as culturas integradas à natureza e as confundiu com a vocação demoníaca ou a ignorância.

E assim continuou sendo. Os índios mexicanos de Yucatán e os que depois se rebelaram com Emiliano Zapata perderam a guerra por atender às semeaduras e às colheitas de milho. Chamados pela terra, os soldados se desmobilizavam nos momentos decisivos do combate. Para a cultura dominante, que é militar, assim os índios comprovavam sua covardia ou sua estupidez.

Para a civilização que se diz ocidental e cristã, a natureza era um animal feroz que precisava ser domado e castigado para que funcionasse feito máquina, posta ao nosso serviço desde sempre e para sempre. A natureza, que era eterna, nos devia escravidão.

Muito recentemente ficamos sabendo que a natureza se cansa, como nós, seus filhos; e soubemos que, como nós, ela pode ser assassinada. Já não se fala de *submeter* a natureza: agora até seus verdugos dizem que é preciso *protegê-la*. Mas em um ou outro caso, natureza submetida ou natureza protegida, ela está *fora* de nós. A civilização que confunde os relógios com o tempo, o crescimento com o desenvolvimento e o grandalhão com grandeza também confunde a natureza com a paisagem, enquanto o mundo, labirinto sem centro, se dedica a romper seu próprio céu.

Quinhentos anos de solidão

Fim de século, fim de milênio, festa de aniversário. O mundo do nosso tempo – mundo convertido em mercado, tempo do homem reduzido a mercadoria – celebrou seus quinhentos anos de idade. No dia 12 de outubro de 1492 nasceu esta realidade que hoje vivemos em escala universal; uma ordem natural inimiga da natureza e uma sociedade humana que chama de *humanidade* a quinta parte da humanidade.

Um salvo-conduto para fugir da história

Em sua pastoral de 1992, os bispos da Igreja Católica da Guatemala pediram perdão ao povo maia e renderam homenagem à religião indígena *que via na natureza uma manifestação de Deus.* O Vaticano, porém, festejou os quinhentos anos *da chegada da fé ao continente americano.* Não existia fé na América antes de Colombo? A conquista impôs sua fé como única verdade possível, e assim caluniou o Deus dos cristãos, atribuindo a ele a ordem de invasão contra as terras infiéis. Naquele tempo, muito profeticamente, começou a ser chamado de *liberdade de comunicação* o direito do invasor, dono da voz, diante do invadido mudo.

Os índios foram condenados por serem índios, ou por continuar sendo. Os bárbaros que não se deixavam civilizar mereciam a escravidão. Quantos arderam na fogueira pelo delito de acreditar que toda terra é sagrada? Adorando a natureza, os pagãos praticavam a idolatria e ofendiam Deus. Ofendiam Deus ou na verdade ofendiam o capitalismo nascente? *Dessa época vem a identificação da propriedade privada com a liberdade:* liberdade de espremer o mundo como fonte de lucro e objeto de consumo. De Carlos V à ditadura eletrônica: cinco séculos depois, o planeta é terra arrasada.

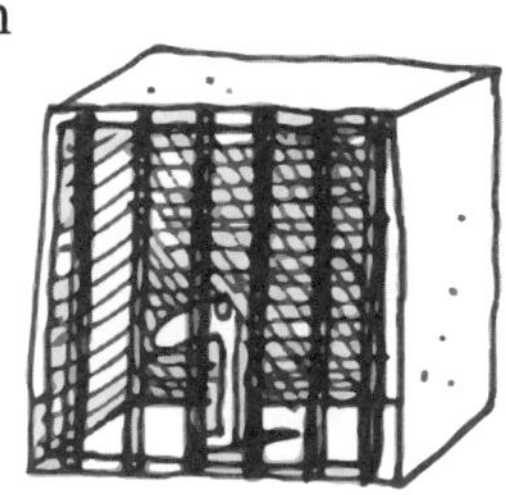

A cor da pele não havia tido a menor importância nas civilizações anteriores. *A Europa do Renascimento fundou o racismo.* E cinco séculos depois, a Europa não consegue se curar dessa enfermidade. Missão de evangelização, dever de civilização, horror à diversidade, negação da realidade; o racismo era e é um eficaz salvo-conduto para fugir da história. Os vencedores nasceram para vencer, os perdedores nasceram para perder. Se o destino está nos genes, a riqueza dos ricos é inocente de cinco séculos de crime e saqueio, e a pobreza dos pobres não é um resultado da história, mas maldição da biologia. Se os ganhadores não têm do que se arrepender, os perdedores não têm do que se queixar.

O outro muro

Fim do século, fim do milênio, tempo do desprezo. Poucos proprietários, muitos possuídos; poucos opinadores, muitos opinados; poucos consumidores, muitos consumidos; poucos atropeladores, muitos atropelados. Os poucos, cada vez menos. Os muitos, cada vez mais: dentro de cada país e no mapa internacional. Ao longo desse século, a brecha que separa os países pobres dos países ricos se multiplicou por cinco. O mundo dos nossos dias é a obra-prima de uma escola artística que poderíamos chamar de *realismo capitalista*. Em sua infinita generosidade, o sistema nos outorga a liberdade de aceitá-lo ou aceitá-lo, mas oitenta por cento da humanidade está proibida de ingressar na sociedade de consumo. Pode-se ver na televisão, isso sim: quem não consome coisas consome fantasias de consumo.

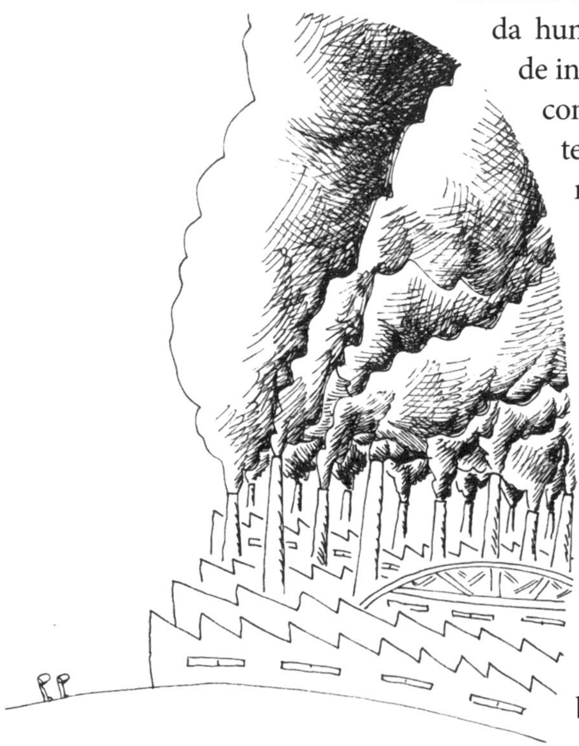

O mundo agora se parece com qualquer das grandes cidades latino-americanas: imensos subúrbios encurralam as fortalezas amuralhadas dos bairros de luxo. Já nem sobraram os escombros do fugaz Muro de

Berlim, mas está cada dia mais alto e mais largo o muro mundial que há cinco séculos separa os que têm dos que não podem ter. Quantos caíram e quantos caem a cada dia querendo saltá-lo? Ninguém os contou, ninguém os conta.

Fim do século, fim do milênio, tempo do medo. O Norte tem pânico de que o Sul leve a sério as promessas da sua publicidade, como o Leste acreditou no convite para o Paraíso. Um sonho impossível: se oitenta por cento da humanidade pudesse consumir com a voracidade dos vinte por cento, nosso pobre planeta, já moribundo, morreria. Se o desperdício não fosse um privilégio, não poderia ser. A ordem internacional, que prega a justiça, tem como fundamento a injustiça e dela depende.

Não é por acaso que *a indústria do medo* oferece os negócios mais lucrativos do mundo atual: a venda de armas e o tráfico de drogas. As armas, produtos do medo de morrer; as drogas, produtos do medo de viver.

O poder está doente de violência e de medo

Tempo do medo: graves buracos na camada de ozônio e mais graves buracos na alma.

Há cinco séculos nasceu este sistema, que universalizou o intercâmbio desigual e pôs preço no planeta e no gênero humano. Desde então, converte em fome ou dinheiro tudo que toca. Para viver, para sobreviver, necessita da organização desigual do mundo como os pulmões necessitam de ar.

Hoje em dia a debilidade dos débeis, pessoas débeis, países débeis, é motivo de riso ou pena. A solidariedade saiu de moda. Mas até que ponto é forte a fortaleza dos fortes? O poder, filho da violação, está cheio de violência, está cheio de medo. Musculoso corpo assustado com sua própria sombra, corpo sem alma, sociedade desalmada. Corpo cego de si, perdido de si: proprietário de tudo, já não é dono de nada. Já não pode se permitir outra paixão que a paixão do consumo. Sacrificou o direito à vida, sua própria vida, nos altares do direito de propriedade; e já começou a se consumir.

O pecado original

Em outubro de 1992, enquanto o poder cumpria suas obscenas cerimônias de autoelogio, celebrando o holocausto dos índios e dos negros, muitas outras celebrações, de tipo oposto, ocorreram no mundo inteiro: elas celebraram a longa resistência e a rigorosa dignidade dos vencidos e denunciaram que a conquista continua. Uma delas foi o tribunal que a Fundação Basso convocou em Pádua para discutir o direito internacional à luz dos quinhentos anos da conquista da América. O direito internacional, filho do direito de conquista, está marcado na testa por aquilo que François Rigaux chama de *seu pecado original*. Nos acostumamos a esquecer o que merece memória e a recordar o que merece esquecimento; homens e mulheres do Sul e do Norte nos reunimos em Pádua a partir da certeza de que o mundo não é *este* mundo, mutilada plenitude, humilhada dignidade, nem o direito é *este* direito, álibi de um sistema que jamais diz o que faz e jamais faz o que diz.

Na viagem até a Itália, passei pela Andaluzia. E lá escutei a quadrinha de uma canção flamenca, canção profunda, que em três brevíssimos versos contesta, do modo mais certeiro, a civilização que confunde *ser* com *ter*. A quadrinha ficou comigo e ainda canta dentro de mim:

Tenho as mãos vazias
de tanto dar sem ter,
mas as mãos são minhas.

Eles vinham de longe

Se tivessem conhecido o idioma da cidade, poderiam ter perguntado quem fez o homem branco, de onde saiu a força dos automóveis, quem segura os aviões lá no céu, por que os deuses nos negaram o aço.

Mas não conheciam o idioma da cidade. Falavam a velha língua dos antepassados, que não tinham sido pastores nem vivido nas alturas da serra nevada de Santa Marta. Porque antes dos quatro séculos de perseguição e espoliação, os avós dos avós dos avós tinham trabalhado as terras férteis que os netos dos netos dos netos não puderam conhecer nem de vista nem de ouvir falar.

De modo que agora eles não podiam fazer outro comentário que aquele que nascia, em chispas bem-humoradas, dos olhos: olhavam essas mãos pequeninas dos homens brancos, mãos de lagartixa, e pensavam: essas mãos não sabem caçar, e pensavam: só podem dar presentes feitos pelos outros.

Estavam parados, numa esquina da capital, o chefe e três de seus homens, sem medo. Não os sobressaltava a vertigem do trânsito das máquinas e das pessoas, nem temiam que os edifícios gigantes pudessem cair das nuvens e despencar em cima deles. Acariciavam com a ponta dos dedos seus colares de várias voltas de dentes e sementes, e não se deixavam impressionar pelo barulho das avenidas. Seus corações sentiam pena dos milhões de cidadãos que passavam por cima e por baixo, de costas e de frente e de lado, sobre pernas e sobre rodas, a todo vapor: *Que seria de todos vocês* – perguntavam lentamente seus corações – *se nós não fizéssemos o sol nascer todos os dias?*

As tradições futuras

O desprezo e o medo

A linguagem como traição: gritam carrascos para eles. No Equador, os carrascos chamam de *carrascos* as suas vítimas:

– Índios carrascos! – gritam.

De cada três equatorianos, um é índio. Os outros dois cobram dele, todos os dias, a derrota histórica.

– *Somos os vencidos. Ganharam a guerra. Nós perdemos por acreditar neles. Por isso* – me diz Miguel, nascido no fundo da selva amazônica.

São tratados como os negros na África do Sul: os índios não podem entrar nos hotéis ou nos restaurantes.

– *Na escola metiam a lenha em mim quando eu falava a nossa língua* – me conta Lucho, nascido ao sul da serra.

– *Meu pai me proibia de falar quéchua. É pelo seu bem, me dizia* – recorda Rosa, a mulher de Lucho.

Rosa e Lucho vivem em Quito. Estão acostumados a ouvir:

– *Índio de merda.*

Os índios são bobos, vagabundos, bêbados. Mas o sistema que os despreza, despreza o que ignora, porque ignora o que teme. Por trás da máscara do desprezo, aparece o pânico: estas vozes antigas, teimosamente vivas, o que dizem? O que dizem quando falam? O que dizem quando calam?

As vozes teimosamente vivas

Existe um único lugar onde o ontem e o hoje se encontram e se reconhecem e se abraçam, e este lugar é o amanhã.

Soam como futuras certas vozes do passado americano muito antigo. As antigas vozes, digamos, que ainda nos dizem que somos filhos da terra, e que mãe a gente não vende nem aluga. Enquanto chovem pássaros mortos sobre a Cidade do México e os rios se transformam em cloacas, os mares em depósitos de lixo e as selvas em deserto, as vozes teimosamente vivas nos anunciam outro mundo que não seja este, envenenador da água, do solo, do ar e da alma.

Também nos anunciam outro mundo possível as vozes antigas que nos falam de comunidade. A comunidade, o modo comunitário de produção e de vida, é a mais remota tradição das Américas, a mais americana

de todas: pertence aos primeiros tempos e às primeiras pessoas, mas pertence também aos tempos que vêm e pressentem um novo Mundo Novo. Porque não há nada menos estrangeiro que o socialismo nestas terras nossas. Estrangeiro é, na verdade, o capitalismo: como a varíola, como a gripe, veio de longe.

As profecias (I)

Virá gente vestida

Aquele que fez o sol e a lua avisou aos taínos que tomassem cuidado com os mortos.

Durante o dia os mortos se escondiam e comiam goiaba, mas pelas noites saíam a passear e desafiavam os vivos. Os mortos ofereciam combates e as mortas, amores. Na luta, desapareciam quando queriam; e no melhor do amor ficava o amante sem nada entre os braços. Antes de aceitar a luta contra um homem ou deitar-se junto a uma mulher, era preciso roçar-lhe o ventre com a mão, porque os mortos não têm umbigo.

O dono do céu também avisou aos taínos que tomassem muito mais cuidado ainda com gente vestida.

O chefe Cáicihu jejuou uma semana e foi digno de sua voz: *Breve será o gozo da vida*, anunciou o invisível, o que tem mãe mas não tem princípio: *Os homens vestidos chegarão, dominarão e matarão.*

Nos pegará a aranha

Bebeágua, sacerdote dos sioux, sonhou que seres jamais vistos teciam uma enorme teia de aranha ao redor de sua aldeia. Despertou sabendo que assim seria, e disse aos seus: *Quando essa estranha raça terminar sua teia de aranha, nos trancará em casas cinzentas e quadradas, sobre terra estéril, e nessas casas morreremos de fome.*

Presságios do fogo, da água, da terra e do ar

Em um dia já distante, os magos voaram até a gruta da mãe do deus da guerra. A bruxa, que havia oito séculos não se lavava, não sorriu nem cumprimentou. Aceitou, sem agradecer, as oferendas, mantas, peles, plumas, e escutou com uma careta as notícias. *México*, informaram os magos, *é senhora e rainha, e todas as cidades estão aos seus mandados*. A velha grunhiu seu único comentário: *Os astecas derrubaram os outros*, disse, *e outros virão derrubar os astecas*.

Passou o tempo.

Há dez anos, se sucedem os sinais.

Uma fogueira pingou fogo, do centro do céu, durante uma noite inteira.

Um súbito fogo de três caudas ergueu-se do horizonte e voou de encontro ao sol.

A casa do deus da guerra se suicidou, incendiou a si mesma: lhe atiraram cântaros de água e a água avivava as chamas.

Outro templo foi queimado por um raio, em uma tarde em que não havia tormenta.

A lagoa onde tem seu assento a cidade se fez caldeira que fervia. As águas se levantaram, candentes, altas de fúria, e levaram as casas e arrancaram até os alicerces.

As redes dos pescadores ergueram um pássaro cinza misturado aos peixes. Na cabeça do pássaro, havia um espelho redondo. O imperador Montezuma viu avançar, no espelho, um exército que corria sobre patas de veados e escutou os seus gritos de guerra. Depois, foram castigados os magos que não souberam ler o espelho nem tiveram olhos para ver os monstros de duas cabeças que acossavam, implacáveis, o sono e a vigília de Montezuma. O imperador encerrou os magos em jaulas e condenou-os a morrer de fome.

Toda noite, os alaridos de uma mulher invisível sobressaltam a todos os que dormem em Tenochtitlán e em Tlatelolco. *Filhinhos meus*, grita, *já temos de ir para longe!* Não há parede que o pranto dessa mulher não atravesse. *Aonde iremos, filhinhos meus?*

Humilharão o mundo

Deitado na esteira, de boca para cima, o sacerdote-jaguar de Yucatán escutou a mensagem dos deuses. Eles falaram através do telhado, montados de pernas abertas sobre sua casa, em um idioma que ninguém mais entendia. Chilam Balam, que era boca dos deuses, recordou o que ainda não tinha ocorrido:

– *Dispersados serão pelo mando as mulheres que cantam e os homens que cantam e todos os que cantam...*

Ninguém se livrará, ninguém se salvará... Muita miséria haverá nos anos do império da cobiça. Os homens, escravos haverão de fazer-se. Triste estará o rosto do sol... Se despovoará o mundo, se tornará pequeno e humilhado...

A terra e os índios

Que dono tem a terra? Como assim? Como se há de vender? Como se há de comprar? Se ela não nos pertence... Nós somos dela. Seus filhos somos. Assim sempre, sempre. Terra viva. Como cria os vermes, assim nos cria. Tem ossos e sangue. Tem leite, e nos dá de mamar. Tem cabelos, pasto, palha, árvores. Ela sabe parir batatas. Faz nascer casas. Gente, faz nascer. Ela cuida de nós e nós cuidamos dela. Ela bebe chicha, aceita nosso convite. Filhos seus somos. Como há de se vender? Como há de se comprar?

Maria, terra-mãe

Nas igrejas dessas comarcas volta e meia aparece a Virgem coroada de penas ou protegida por um guarda-sol, como princesa inca, e Deus aparece em forma de sol, entre macacos que sustentam colunas e molduras que oferecem frutas, peixes e aves do trópico.

Uma tela sem assinatura mostra a Virgem Maria no morro de prata de Potosí, entre o sol e a lua. Num lado está o papa de Roma e noutro, o rei da Espanha. Mas

Maria não está em cima do morro, e sim *dentro* dele. Ela *é* o morro, um morro com cara de mulher e mãos de oferenda, Maria-morro, Maria-pedra, fecundada por Deus como o sol fecunda a terra.

A Pachamama

No planalto andino, *mama* é a Virgem e *mama* é a terra e o tempo.

A terra fica zangada, a mãe terra, a Pachamama, se alguém bebe sem lhe oferecer. Quando ela sente muita sede, quebra a botija e derrama o que está lá dentro.

A ela se oferece a placenta do recém-nascido, enterrando-a entre as flores, para que a criança viva; e para que o amor viva, os amantes enterram cachos de cabelos.

A deusa terra recolhe nos braços os cansados e os maltrapilhos que dela brotaram, e se abre para lhes dar refúgio no fim da viagem. Lá embaixo da terra, os mortos florescem.

O milho

As pessoas, feitas de milho, fazem o milho. As pessoas, criadas da carne e das cores do milho, cavam um berço para o milho e o cobrem de boa terra e o limpam das ervas daninhas e o regam e dizem a ele palavras de amor. E quando o milho está crescido, as pessoas de milho o moem sobre a pedra e o erguem e o aplaudem e o embalam no amor do fogo e o comem, para que nas pessoas do milho o milho continue caminhando sobre a terra, sem morrer.

Diz que teve o sol

Duro entre os lençóis, Mancio Serra de Leguízamo descarrega a consciência. Frente ao tabelião, dita e jura, em Cuzco, em 1589:

– *Que achamos estes reinos de tal maneira que em todos eles não havia um ladrão, um homem de vícios, nem folgazão, nem havia mulher adúltera nem má...*

O velho capitão de Pizarro não quer ir embora do mundo sem dizer pela primeira vez:

– *Que as terras e montes e minas e pastos e caça e madeiras e todo gênero de aproveitamentos estavam governados ou repartidos de maneira que cada um conhecia e tinha sua fazenda, sem que nenhum outro a ocupasse ou tomasse...*

Do exército que conquistou o Peru, dom Mancio é o último sobrevivente. Há mais de meio século, ele foi um dos que invadiram esta cidade sagrada de Cuzco, saquearam as joias das tumbas e as casas e a machadadas arrancaram as paredes do Templo do Sol, tão coalhado de ouro que seus resplendores

davam cor de defunto a quem entrava. Pelo que diz, recebeu a melhor parte: o rosto de ouro do sol, com seus raios e chamas de fogo, que reinava, imenso, sobre a cidade e deixava cego os cuzquenhos na hora do amanhecer.

Uma noite, dom Mancio apostou o sol no baralho e perdeu.

Essa pedra sou eu

O funcionário do rei aguarda a bruxa, sábia em maldades, que virá prestar contas. Aos seus pés jaz, de boca para baixo, o ídolo de pedra. A bruxa foi surpreendida quando estava velando esta *huaca* escondida, e daqui a

pouco pagará por sua heresia. Mas antes do castigo, o funcionário quer escutar de sua boca a confissão de suas conversas com o demônio. Enquanto espera que ela chegue, se distrai pisando a *huaca* e meditando sobre o destino destes índios, que dá pena a Deus tê-los feito.

Os soldados atiram a bruxa e a deixam tremendo no umbral.

Então a *huaca* de pedra, feia e velha, cumprimenta em idioma quéchua a bruxa velha e feia:

– *Bem-vinda seja, princesa* – diz a voz, rouca, debaixo das solas do funcionário.

O funcionário fica vesgo e cai, esparramado, no chão.

Enquanto o abana com um chapéu, a velha se agarra à casaca do desmaiado e clama: *Não me castigues, senhor, não a quebre!*

A velha queria explicar-lhe que nessa pedra vivem as divindades e que se não fosse por causa da *huaca*, ela não saberia como se chama, nem quem é, nem de onde vem, e andaria pelo mundo nua e perdida.

Retábulo dos índios

Entre os índios do Canadá não existe nenhum barrigudo e nenhum corcunda, dizem os frades e os exploradores franceses. Se existe algum manco, ou cego, ou caolho, é por ferimento de guerra.

Não conhecem a propriedade nem a inveja, conta Pouchot, e chamam o dinheiro de *serpente dos franceses*.

Consideram ridículo obedecer a um semelhante, diz Lafitau. Escolhem chefes que não têm nenhum privilégio e quem se torna mandão é destituído. As mulheres opinam e decidem, igualzinho aos homens. Os conselhos de anciãos e as assembleias públicas têm a última palavra; mas nenhuma palavra humana soa mais forte que a voz dos sonhos.

Obedecem aos sonhos como os cristãos ao comando divino, observa Brébeuf. Obedecem todos os dias, porque, por intermédio dos sonhos, a alma fala todas as noites; e quando chega o fim do inverno e se rompem os gelos do mundo, celebram uma longa festa consagrada aos sonhos. Então os índios se disfarçam e toda loucura é permitida.

Comem quando têm fome, anota Cartier. Não conhecem outro relógio além do apetite.

São libertinos, adverte Le Jeune. Tanto a mulher como o homem podem romper seu matrimônio quando bem quiserem. A virgindade não significa nada para eles. Champlain descobriu anciãs que tinham se casado vinte vezes.

Segundo Le Jeune, trabalhar não lhes agrada, mas inventar mentiras os fascina. Ignoram a arte, a não ser a arte de pelar crânios de inimigos. São vingativos: por vingança comem piolhos ou vermes e todo bicho que goste de carne humana. São incapazes, comprova Biard, de entender qualquer ideia abstrata.

Segundo Brébeuf, os índios não conseguem entender a ideia de inferno. Jamais tinham ouvido falar de castigo eterno. Quando os cristãos os ameaçam com o inferno, os selvagens perguntam: *E meus amigos estarão no inferno?*

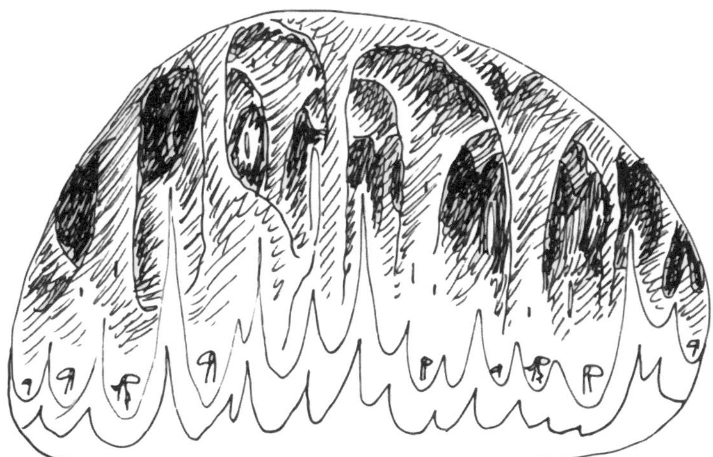

Medicina e bruxaria

Os índios zapotecas, que antes de cair na terra eram pássaros muito coloridos e cantadores, contaram alguns segredos para Gonzalo de Balsalobre. Depois de viver um tempo entre eles, e depois de muito averiguar mistérios de religião e medicina, dom Gonzalo está escrevendo em Oaxaca um detalhado relatório que enviará à Cidade do México. O relatório denuncia os índios à Santa Inquisição e pede que se castiguem as curandeiras que os freis e a justiça ordinária não foram capazes de suprimir. Faz algum tempo, o bacharel Alarcón partilhou durante nove anos a vida da comunidade dos índios cohuixcos. Conheceu as ervas sagradas que curam os doentes e depois denunciou os índios por práticas demoníacas.

Na primeira época da conquista, entretanto, a medicina indígena despertava grande curiosidade na Europa e se atribuíam maravilhas às plantas da América. Frei Bernardino de Sahagún recolheu e publicou as sabedorias de oito médicos astecas e o rei Felipe II enviou ao México seu médico de cabeceira, Francisco Hernández, para que estudasse a fundo a medicina nativa.

Para os índios, as ervas falam, têm sexo e curam. São as plantinhas, ajudadas pela palavra humana, que arrancam as doenças do corpo, revelam mistérios, endireitam destinos e provocam o amor e o esquecimento. Estas vozes da terra soam como se fossem vozes do inferno aos ouvidos da Espanha do século XVII, ocupada em inquisições e exorcismos, que para se curar confia na magia das orações, dos esconjuros e dos talismãs, mais que em xaropes, purgantes e sangrias.

Ervas

Para ardência na barriga, tomate assado e sem pele.

Para indigestão, *tepozán* fervido.

Para as dores, bálsamos de cacto maguey, as folhas longas e ásperas da árvore gigante chamada hule, ou figo-da-índia cozido.

A carne do cacto nopal e a salsaparrilha purificam o sangue, as cascas das favas limpam os rins e os pinhões purgam os intestinos.

As flores vermelhas de cinco dedos, da árvore manitas, dão serenidade e coragem ao coração.

Os conquistadores encontraram essas novidades no México. E as levaram para a Espanha, junto com outras ervas, de nomes indígenas impronunciáveis, que baixavam a febre, matavam os parasitas, liberavam a urina trancada ou anulavam o veneno das serpentes.

A antiga farmácia americana foi bem recebida na Europa.

Mas alguns anos depois, a Santa Inquisição desatou a caçada. A sabedoria das plantas era um instrumento de bruxas e demônios, disfarçados de médicos, que mereciam o suplício ou a fogueira. Por debaixo de suas roupagens exóticas, surgiam os cascos do Maligno.

Essas beberagens e esses unguentos vinham da América, do inferno, como os fogos do chocolate e os fumos do tabaco, que convidavam ao pecado em leito alheio, e como os cogumelos demoníacos, que os pagãos comiam para flutuar nos ares pelas artes malvadas de suas idolatrias.

A REVELADORA HISTÓRIA DO REI AÇÚCAR

A busca do ouro e da prata foi, seguramente, o motor central da conquista, mas em sua segunda viagem Cristóvão Colombo trouxe das ilhas Canárias as primeiras raízes da cana-de-açúcar e as plantou em terras hoje pertencentes à República Dominicana. Semeadas, brotaram logo, para a grande alegria do almirante. O açúcar, que era cultivado em pequena escala na Sicília e nas ilhas Madeira e Cabo Verde e comprado por alto preço no Oriente, era um artigo tão cobiçado pelos europeus que até nos enxovais de rainhas chegou a figurar como parte do dote. Era vendido nas farmácias e pesado em gramas. Durante pouco menos de três séculos a partir do descobrimento da América não houve, para o comércio da Europa, produto agrícola mais importante do que o açúcar cultivado nestas terras. Multiplicaram-se os canaviais no litoral úmido e quente do nordeste do Brasil, e depois também nas ilhas do Caribe: Barbados, Jamaica, Haiti, Dominicana, Guadalupe, Cuba e Porto Rico. Também Veracruz e a costa peruana se mostraram sucessivos cenários favoráveis à exploração, em grande escala, do "ouro branco".

Imensas legiões de escravos vieram da África para proporcionar ao rei Açúcar a numerosa e gratuita força de trabalho que exigia: combustível humano para queimar. As terras foram devastadas por essa planta egoísta que invadiu o Novo Mundo arrasando matas, malversando a fertilidade natural e extinguindo o húmus acumulado pelos solos. O longo ciclo do açúcar deu origem, na América Latina, a prosperidades tão fatais como as que foram engendradas pelos furores da prata e do ouro em Potosí, Ouro Preto, Zacatecas e Guanajuato; ao mesmo tempo, impulsionou com decisivo vigor, direta ou indiretamente, o desenvolvimento industrial da Holanda, França, Inglaterra e Estados Unidos.

Três idades históricas

A plantação, nascida da demanda de açúcar no ultramar, era uma empresa movida pelo afã do lucro de seu proprietário e posta a serviço do mercado que a Europa ia articulando internacionalmente. Por sua estrutura interna, no entanto – e considerando que, em boa medida, bastava-se a si mesma –, alguns de seus traços dominantes eram feudais. Por outro lado, utilizava mão de obra escrava. Três idades históricas distintas – mercantilismo, feudalismo, escravatura – ajustavam-se numa só unidade econômica e social, mas era o mercado internacional que estava no centro da constelação de poder que o sistema de plantações desde cedo integrou.

Da plantação colonial, subordinada às necessidades estrangeiras e, em muitos casos, com financiamento estrangeiro, provém em linha reta o latifúndio de nossos

dias. É um dos gargalos de garrafa que estrangulam o desenvolvimento da América Latina e um dos primordiais fatores da marginalização e da pobreza das massas latino-americanas. O latifúndio atual, mecanizado em grau suficiente para multiplicar os excedentes de mão de obra, dispõe de abundantes reservas de braços baratos. Já não depende da importação de escravos africanos nem da *encomienda* indígena. Funciona com o pagamento de diárias irrisórias, a retribuição de serviços em espécies ou o trabalho gratuito em troco do usufruto de um pedacinho de terra; nutre-se da proliferação de minifúndios, resultado de sua própria expansão, e da contínua migração interna de legiões de trabalhadores que, empurrados pela fome, buscam as sucessivas safras.

Evasão do filtro

A estrutura combinada da plantação funcionava – e assim funciona também o latifúndio – como um filtro projetado para a evasão das riquezas naturais. Ao integrar-se no mercado mundial, cada área cumpriu um ciclo dinâmico: pela concorrência de produtos substitutivos, pelo esgotamento da terra ou pelo surgimento de outras zonas com melhores condições, logo sobreveio a decadência. A cultura da pobreza, a economia da subsistência e a letargia são os preços que, com o transcurso dos anos, vem a cobrar o impulso produtivo original.

O Nordeste era a zona mais rica do Brasil e hoje é a mais pobre; em Barbados e no Haiti habitam formigueiros humanos condenados à miséria; o açúcar converteu-se na chave mestra do domínio de Cuba pelos Estados Unidos, ao preço da monocultura e do implacável empobrecimento do solo. Não só o açúcar. Esta é também a história do cacau, que iluminou as fortunas da oligarquia de Caracas; do algodão do Maranhão, de súbito esplendor e súbita queda; das plantações de seringueiras no Amazonas, convertidas em cemitérios de trabalhadores nordestinos recrutados a troco de moedinhas; dos arrasados matagais de quebracho no norte argentino e no Paraguai; dos sítios de sisal em Yucatán, onde os índios yaquis foram exterminados. É também a história do café, que avança deixando desertos no caminho, e das plantações de frutas no Brasil, na Colômbia, no Equador e nos desditosos países centro-americanos. Com melhor ou pior sorte, cada produto foi se tornando um destino frequentemente fugaz para países, regiões e homens. O mesmo itinerário, por certo, foi seguido pelas zonas produtoras de riquezas minerais. Quanto mais cobiçado pelo mercado mundial, maior é a desgraça que o produto causa ao povo latino-americano que com sacrifícios o cria. No entanto, a zona menos castigada por esta lei de aço, o rio da Prata, que lançava couros e depois carne e lã nas correntes do mercado, não conseguiu escapar da jaula do subdesenvolvimento.

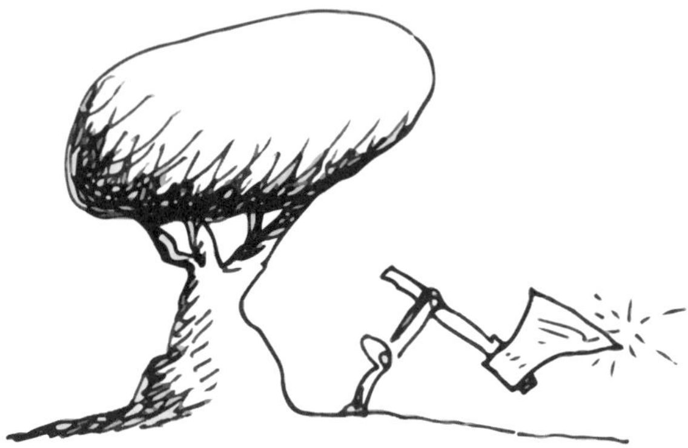

Os fugitivos do rei Açúcar

Algumas noites, à luz dos relâmpagos, pode-se ver a crista incandescente desta serra lá da costa de Alagoas. No pé desta serra, os portugueses exterminaram os índios caetés, que o papa tinha excomungado para sempre por terem comido o primeiro bispo brasileiro; e aqui é onde os escravos negros fugitivos encontraram refúgio, tudo ao longo do século XVII, nas aldeias escondidas de Palmares.

Cada povoado é uma fortaleza. Atrás das altas paliçadas e das armadilhas cheias de farpas, estendem-se as vastas plantações. Os lavradores trabalham com as armas ao alcance da mão; e de noite, quando regressam à cidadela, se contam para ver se não falta alguém.

Brotam aqui duas colheitas anuais de milho e também feijão, mandioca, açúcar, batata, tabaco, legumes, frutas; são criados porcos e galinhas. Muito mais e melhor comem os negros de Palmares que os habitantes da costa, onde a devoradora cana-de-açúcar, produzida para a Europa, usurpa todo o tempo e todo o espaço de todos.

Como em Angola, a palmeira reina nestas comunidades negras: com fibra de palmeira são tecidas as roupas, canastras e leques; as folhas servem de teto e de cama; do fruto come-se a polpa, faz-se vinho e se extrai o óleo que dá luz; e o caroço se converte em gordura branca e cachimbo. Como em Angola, os chefes exercem o nobre ofício da ferraria, e a forja ocupa o lugar de honra na praça onde o povo celebra as suas assembleias.

Mas Angola é múltipla; e mais ainda a África inteira. Os de Palmares vieram de mil comarcas e mil línguas. Sua única língua comum é a que escutaram da boca de seus amos, acompanhando as ordens da chibata nos barcos negreiros e nos canaviais. Salpicada por palavras africanas e guaranis, a língua portuguesa vincula e comunica, agora, a quem antes humilhou:

Folga, nego.
Branco não vem cá.

Desde que os holandeses foram expulsos de Pernambuco, os portugueses lançaram mais de vinte expedições militares contra estas terras livres. Escreve um informante do Brasil a Lisboa: *Nosso exército, que pôde domar o orgulho da Holanda, não conseguiu nenhum resultado contra estes bárbaros em várias e repetidas entradas que fez a Palmares...*

Não tiveram melhor sorte os holandeses. Também as suas expedições foram jornadas sem glória. Holandeses e portugueses incendiaram aldeias vazias e perderam-se na floresta dando voltas, como loucos, debaixo de chuvas violentas. Uns e outros guerrearam a sombra, sombra que morde e foge; e cantaram, cada vez, vitória. Nem uns nem outros conseguiram esmagar Palmares nem conseguiram evitar as fugas de escravos que deixam sem braços o rei

Açúcar e toda a sua corte, embora os holandeses crucificassem negros rebeldes e os portugueses os açoitem e mutilem para meter medo e dar exemplo.

Uma das expedições portuguesas contra Palmares acaba de regressar, com as mãos vazias, a Recife. Foi encabeçada por um capitão negro, Gonçalo Rebelo, que tinha sob suas ordens duzentos soldados negros. Degolaram os poucos prisioneiros que puderam agarrar.

A TERRA E OS ESCRAVOS NEGROS

Os deuses movem o sangue e a seiva. Em cada erva de Cuba respira um deus e por isso está vivinho, que nem gente, o monte. O monte, templo dos deuses africanos, casa dos avós dos africanos, é sagrado e tem segredos. Se alguém não o cumprimenta, o monte fica bravo e nega saúde e sorte. É preciso dar-lhe presentes e cumprimentá-lo para receber as folhas que curam chagas e fecham caminho à desgraça. Cumprimenta-se o monte com palavras rituais ou com as palavras que saírem. Cada um fala com os deuses como sente ou como pode.

Nenhum deus é totalmente bom ou totalmente mau. Pode salvar, pode matar. A brisa refresca e o ciclone arrasa, mas os dois são ar.

Tua outra cabeça, tua outra memória

Do relógio de sol do convento de São Francisco, uma lúgubre inscrição recorda aos caminhantes como a vida é fugaz: *Cada hora que passa te fere e a última te matará.*

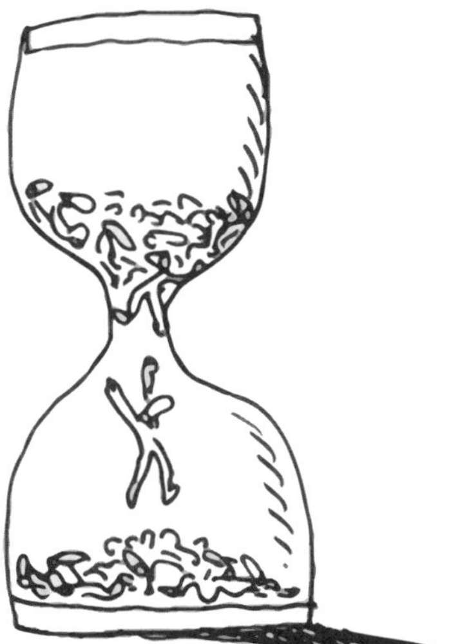

São palavras escritas em latim. Os escravos negros da Bahia não entendem latim nem sabem ler. Da África trouxeram deuses alegres e brigões: com eles estão, com eles se vão. Quem morre entra. Soam os tambores para que o morto não se perca e chegue à região de Oxalá. Lá na casa do criador dos criadores, espera por ele sua outra cabeça, a cabeça imortal. Todos nós temos duas cabeças e duas memórias. Uma cabeça de barro, que será pó, e outra invulnerável para sempre às mordidas do tempo e da paixão. Uma memória que a morte mata, bússola que acaba com a viagem, e outra memória, a memória coletiva, que viverá enquanto viver a aventura humana no mundo.

Quando o ar do universo se agitou e respirou pela primeira vez, e nasceu o deus dos deuses, não havia separação entre a terra e o céu. Agora parecem divorciados; mas o céu e a terra voltam a se unir cada vez que alguém morre, cada vez que alguém nasce e cada vez que alguém recebe os deuses em seu corpo palpitante.

História do Norte e do Sul

A apropriação privada da terra, na América Latina, sempre se antecipou ao seu cultivo útil. Os traços mais retrógrados do sistema de posse hoje em vigor não provêm das crises, mas nasceram durante os períodos de maior prosperidade; ao contrário, os períodos de depressão econômica apaziguaram a voracidade dos latifundiários na conquista de novas terras. No Brasil, por exemplo, a decadência do açúcar e o virtual desaparecimento do ouro e dos diamantes tornaram possível, entre 1820 e 1850, uma legislação que assegurava a propriedade da terra a quem a ocupasse e a fizesse produzir. Em 1850, a ascensão do café como novo "produto rei" determinou a sanção da Lei de Terras, cozinhada segundo o paladar de políticos e militares do regime oligárquico para negar a propriedade da terra a quem nela trabalhava, na medida em que iam se abrindo, para o sul e para o oeste, os gigantescos espaços interiores do país. Essa lei *foi reforçada e ratificada desde então por uma copiosíssima legislação que estabelecia a compra como única forma de acesso à terra e criava um sistema cartorial de registro que tornava quase impraticável ao lavrador a legalização de sua possessão*, disse Darcy Ribeiro.

A colonização dos granjeiros livres

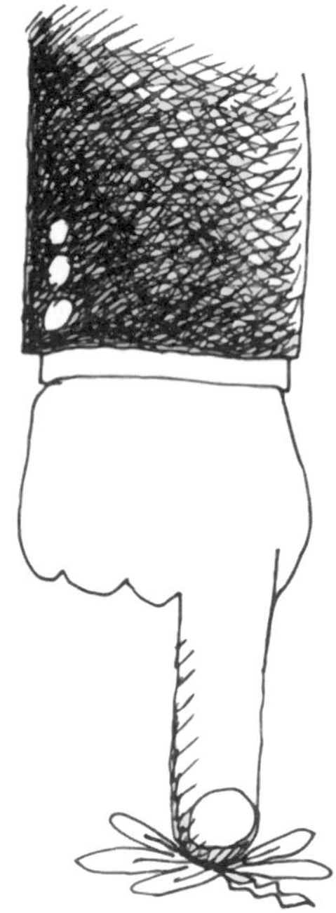

A legislação norte-americana da mesma época assumiu um objetivo oposto para promover a colonização interna dos Estados Unidos. Rangiam as carretas dos pioneiros que iam empurrando a fronteira, à custa da matança dos indígenas, para as terras virgens do Oeste: a Lei Lincoln de 1862, o Homestead Act, assegurava a cada família a propriedade de lotes de 65 hectares. Cada beneficiário se comprometia a cultivar sua parcela por um período de cinco anos. O domínio público foi colonizado com uma rapidez assombrosa; a população aumentava e se propagava como uma enorme mancha de azeite sobre o mapa. A terra acessível, fértil e quase gratuita atraía os camponeses europeus com um ímã irresistível: cruzavam o oceano e também os Apalaches rumo às pradarias abertas. Foram granjeiros livres, portanto, que ocuparam os novos territórios do Centro e do Oeste. Enquanto o país crescia em superfície e em população, criavam-se fontes de trabalho agrícola e, ao mesmo tempo, gerava-se um mercado interno com grande poder aquisitivo, a enorme massa de granjeiros proprietários, para sustentar a pujança do desenvolvimento industrial.

A colonização do latifúndio

Em troca, os trabalhadores rurais que, há mais de um século, alargaram com ímpeto a fronteira interior do Brasil, não foram e nem são famílias de camponeses livres em busca de um pedaço de terra própria, como observa Ribeiro, mas trabalhadores braçais contratados para servir os latifundiários que, previamente, tomaram posse de grandes espaços vazios. Os desertos interiores nunca foram acessíveis à população rural. Os trabalhadores foram abrindo o país a golpes de facão, através da selva, mas em proveito alheio. A colonização significou uma ampliação das áreas do latifúndio. Entre 1950 e 1960, 65 latifúndios brasileiros absorveram uma quarta parte das novas terras incorporadas à agricultura.

Os pioneiros e os soldados da fortuna

Esses dois sistemas opostos de colonização interior mostram uma das diferenças mais importantes entre os modelos de desenvolvimento dos Estados Unidos e da América Latina. Por que o Norte é rico e o Sul é pobre? O rio Bravo assinala muito mais do que uma fronteira geográfica. O profundo desequilíbrio de nossos dias, que parece confirmar a profecia de Hegel sobre a inevitável guerra entre uma e outra América, nasceu da expansão imperialista dos Estados Unidos ou tem raízes mais antigas? Em verdade, já na matriz colonial o Norte e o Sul geraram sociedades nem um pouco parecidas e a serviço de fins distintos. Os peregrinos do *Mayflower* não atravessaram o mar para conquistar tesouros legendários nem para explorar a mão de obra indígena, escassa no Norte, mas para se estabelecer com suas famílias e reproduzir no Novo Mundo o sistema de vida e de trabalho que praticavam na Europa. Não eram soldados da fortuna, mas pioneiros; não vinham para conquistar e sim para colonizar: fundaram *colônias de povoamento*. É certo que o processo posterior desenvolveu, ao sul da baía de Delaware, uma economia de plantações escravistas semelhante à que surgiu na América Latina, mas com a diferença de que nos Estados Unidos o centro de gravidade esteve desde o princípio radicado nas granjas e nas oficinas da Nova Inglaterra, de onde sairiam os exércitos vencedores da Guerra de Secessão no século XIX. Os colonos da Nova Inglaterra, núcleo original da civilização norte-americana, não atuaram nunca como agentes coloniais da acumulação capitalista europeia; desde o princípio viveram a serviço de seu próprio desenvolvimento e do desenvolvimento de sua nova terra. As treze colônias do Norte serviram de desembocadura para o exército de camponeses e artesãos europeus que o desenvolvimento metropolitano ia lançando fora do mercado de trabalho. Trabalhadores livres formaram a base daquela nova sociedade deste lado do mar.

Dentro e fora

Espanha e Portugal, em troca, contaram com uma grande abundância de mão de obra servil na América Latina. A escravidão dos indígenas foi sucedida pelo transplante em massa de escravos africanos. Ao longo dos séculos, houve sempre uma enorme legião de camponeses desempregados disponíveis para serem encaminhados aos centros de produção: as zonas florescentes sempre coexistiram com as decadentes, no ritmo dos apogeus e das quedas das exportações de metais preciosos ou açúcar, e as zonas de decadência abasteciam de mão de obra as zonas florescentes. Essa estrutura persiste até nossos dias, e também na atualidade implica um baixo nível dos salários, pela pressão que os desempregados exercem sobre o mercado de trabalho, e frustra o crescimento do mercado interno de consumo. De resto, distintamente dos puritanos do Norte, as classes dominantes da sociedade colonial latino-americana não se voltaram jamais para o desenvolvimento econômico interno. Terras-tenentes, mineradores e mercadores tinham nascido para

cumprir outra função: abastecer a Europa de ouro, prata e alimentos. Os caminhos transportavam a carga numa só direção: até o porto e os mercados de ultramar. Esta é também a chave que explica a expansão dos Estados Unidos como unidade nacional e o fracionamento da América Latina: nossos centros de produção não estavam conectados entre si, formavam um leque com o vértice muito distante.

A graça da desgraça

As treze colônias do Norte tiveram, pode-se dizer, a felicidade da desgraça. Sua experiência histórica mostrou a tremenda importância de não nascer importante. Porque ao norte da América não havia ouro, nem prata, nem civilizações indígenas com densas concentrações de população já organizada para o trabalho, e nem solos tropicais de fertilidade fabulosa na franja costeira que os peregrinos ingleses colonizaram. A natureza se mostrou avara, e também a história: faltavam os metais e a mão de obra escrava para arrancar os metais do ventre da terra. Foi uma sorte. Além disso, de Maryland até a Nova Escócia, passando pela Nova Inglaterra, as colônias do Norte, devido ao clima e às características dos solos, produziam exatamente o mesmo que a agricultura britânica, isto é, não ofereciam à metrópole, como adverte Bagú, uma produção complementar. Muito diferente era a situação das Antilhas e das colônias ibéricas de terra firme. Das terras tropicais brotavam o açúcar, o tabaco, o algodão, o anil, a terebintina; uma pequena ilha do Caribe, do ponto de vista econômico, era mais importante para a Inglaterra do que as treze colônias matrizes dos Estados Unidos.

Essas circunstâncias explicam a ascensão e a consolidação dos Estados Unidos como um sistema economicamente autônomo, que não drenava para fora a riqueza gerada em seu seio. Eram frouxos os laços que uniam as colônias à metrópole; em Barbados e na Jamaica, em troca, só se reinvestiam os capitais indispensáveis para repor escravos à medida que iam faltando. Não foram fatores raciais, como se vê, os que decidiram o desenvolvimento de uns e o subdesenvolvimento de outros: as ilhas britânicas das Antilhas não tinham nenhum vínculo com a Espanha ou Portugal. A verdade é que a insignificância econômica das treze colônias permitiu a precoce diversificação de suas exportações e iluminou o impetuoso desenvolvimento das manufaturas. A industrialização norte-americana contou, desde antes da independência, com estímulos e proteções oficiais. A Inglaterra se mostrava tolerante, ao mesmo tempo que proibia estritamente que suas ilhas antilhanas fabricassem até mesmo um alfinete.

As profecias (II)

Dizem que afirmou Seattle, chefe indígena:

A terra não é irmã do homem branco, é sua inimiga. Após conquistá-la, segue seu caminho. Mas todas as coisas estão conectadas. O que acontece com a terra acontece com os filhos da terra...

O ruído da cidade insulta meus ouvidos...

O ar é algo precioso para o homem de pele vermelha. Porque todos partilhamos o mesmo hálito: os animais, as árvores, as pessoas. Ao cabo de vários dias, o moribundo não sente o fedor de seu corpo...

Pouco importa onde passaremos o resto de nossos dias. Não são muitos. Umas poucas horas a mais, uns poucos invernos. Os brancos também passarão. Talvez antes que outras tribos. Continuem contaminando sua cama e uma noite morrerão sufocados por seus próprios excrementos.

Outra terra nascerá

O tigre azul romperá o mundo.

Outra terra, a que não tem mal, a que não tem morte, vai nascer da aniquilação desta terra. Ela pede que seja assim. Pede a morte, pede o nascimento, esta terra velha e ofendida. Ela está cansadíssima e, de tanto chorar por dentro, ficou cega. Moribunda, atravessa os dias, lixo do tempo, e quando é noite inspira piedade às estrelas. Logo, logo, o Pai Primeiro escutará as súplicas do mundo, terra querendo ser outra, e então soltará o tigre azul que dorme debaixo da sua rede.

Esperando esse momento, os índios guaranis peregrinam pela terra condenada.

– *Você tem alguma coisa a dizer para nós, colibri?*

Dançam sem parar, cada vez mais leves, mais voadores, e cantam os cantos sagrados que celebram o próximo nascimento da outra terra.

– *Lança raios, lança raios, colibri!*

Buscando o paraíso chegaram até as costas do mar e até o centro da América. Rodaram selvas e serras e rios, perseguindo a terra nova, a que será fundada sem velhice nem doença nem nada que interrompa a incessante festa de viver. Os cantos anunciam que o milho crescerá por sua conta e as flechas voarão sozinhas na floresta; e não serão necessários o castigo e o perdão, porque não haverá proibição nem culpa.

Vai se desamarrar a cara do mundo

Deitado na esteira, de boca para cima, o sacerdote-jaguar de Yucatán escutou a mensagem dos deuses. Eles falaram através do telhado, montados de pernas abertas sobre sua casa, em um idioma que ninguém mais entendia.

Chilam Balam, que era boca dos deuses, recordou o que ainda não tinha ocorrido e anunciou o que será:

– *O pau e a pedra se levantarão para a luta... Os cães morderão seus amos... Os de trono emprestado haverão de vomitar o que engoliram. Muito doce, muito saboroso foi o que engoliram, mas vomitarão tudo. Os usurpadores irão para os confins da água... Já não haverá devoradores de homens... Ao terminar a cobiça, vai se desamarrar a cara, vão se desamarrar as mãos, vão se desamarrar os pés do mundo.*

As veias abertas

A divisão internacional do trabalho significa que alguns países se especializam em ganhar e outros em perder. Nossa comarca no mundo, que hoje chamamos América Latina, foi precoce: especializou-se em perder desde os remotos tempos em que os europeus do Renascimento se aventuraram pelos mares e lhe cravaram os dentes na garganta. Passaram-se os séculos e a América Latina aprimorou suas funções. Ela já não é o reino das maravilhas em que a realidade superava a fábula e a imaginação era humilhada pelos troféus da conquista, as jazidas de ouro e as montanhas de prata. Mas a região continua trabalhando como serviçal, continua existindo para satisfazer as necessidades alheias, como fonte e reserva de petróleo e ferro, de cobre e carne, frutas e café,

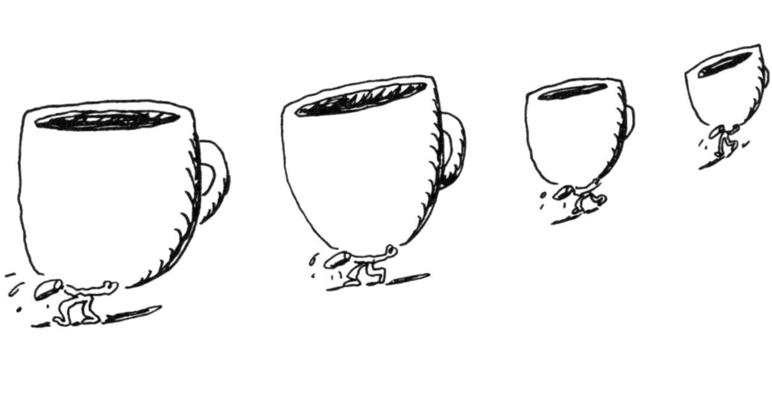

matérias-primas e alimentos destinados aos países ricos que, consumindo-os, ganham muito mais do que ganha a América Latina ao produzi-los. Os impostos que cobram os compradores são muito mais altos do que os valores que recebem os vendedores. Como declarou em julho de 1968 Covey T. Oliver, coordenador da Aliança para o Progresso, *falar hoje em dia de preços justos é um conceito medieval. Estamos em plena vigência do livre-comércio*. Quanto mais liberdade se concede aos negócios, mais cárceres precisam ser construídos para aqueles que padecem com os negócios. Nossos sistemas de inquisidores e verdugos não funcionam apenas para o mercado externo dominante, também proporcionam caudalosos mananciais de lucros que fluem dos empréstimos e dos investimentos estrangeiros nos mercados internos dominados. *Já se ouviu falar de concessões feitas pela América Latina para o capital estrangeiro, mas não de concessões feitas pelos Estados Unidos para o capital de outros países... É que nós não fazemos concessões*, advertia o presidente norte-americano Woodrow Wilson, por volta de 1913. Ele estava convicto: *Um país*, dizia, *é possuído e dominado pelo capital que nele foi investido*. E tinha razão. Pelo caminho perdemos até o direito de nos chamarmos *americanos*, embora os haitianos e os cubanos já estivessem inscritos na História, como novos povos, um século antes de os peregrinos do *Mayflower* se estabelecerem nas costas de Plymouth. Agora, para o mundo, América é tão só os Estados Unidos, e nós quando muito habitamos uma sub-América, uma América de segunda classe, de nebulosa identidade.

A cada qual, sua função

É a América Latina, a região das veias abertas. Do descobrimento aos nossos dias, tudo sempre se transformou em capital europeu ou, mais tarde, norte-americano, e como tal se acumulou e se acumula nos distantes centros do poder. Tudo: a terra, seus frutos e suas profundezas ricas em minerais, os homens e sua capacidade de trabalho e de consumo, os recursos naturais e os recursos humanos. O modo de produção e a estrutura de classes de cada lugar foram sucessivamente determinados, do exterior, por sua incorporação à engrenagem universal do capitalismo. Para cada um se atribuiu uma função, sempre em benefício do desenvolvimento da metrópole estrangeira do momento, e se tornou infinita a cadeia de sucessivas dependências, que tem muito mais do que dois elos e que, por certo, também compreende, dentro da América Latina, a opressão de países pequenos pelos maiores seus vizinhos, e fronteiras adentro de cada país, a exploração de suas fontes internas de víveres e mão de obra pelas grandes cidades e portos (há quatro séculos já haviam nascido dezesseis das vinte cidades latino-americanas atualmente mais populosas).

Para os que concebem a História como uma contenda, o atraso e a miséria da América Latina não são outra coisa senão o resultado de seu fracasso. Perdemos; outros ganharam. Mas aqueles que ganharam só puderam ganhar porque perdemos: a história do subdesenvolvimento da América Latina integra, como já foi dito, a história do desenvolvimento

do capitalismo mundial. *Nossa derrota esteve sempre implícita na vitória dos outros. Nossa riqueza sempre gerou nossa pobreza por nutrir a prosperidade alheia: os impérios e seus beleguins nativos. Na alquimia colonial e neocolonial o ouro se transfigura em sucata, os alimentos em veneno.* Potosí, Zacatecas e Ouro Preto caíram de ponta-cabeça da grimpa de esplendores dos metais preciosos no fundo buraco dos socavões vazios, e a ruína foi o destino do pampa chileno do salitre e da floresta amazônica da borracha; o nordeste açucareiro do Brasil, as matas argentinas de quebrachos ou certos povoados petrolíferos do lago de Maracaibo têm dolorosas razões para acreditar na mortalidade das fortunas que a natureza dá e o imperialismo toma. *A chuva que irriga os centros do poder imperialista afoga os vastos subúrbios do sistema. Do mesmo modo, e simetricamente, o bem-estar de nossas classes dominantes – dominantes para dentro, dominadas de fora – é a maldição de nossas multidões, condenadas a uma vida de bestas de carga.*

PARTE II

DESASTRES (POUCO) NATURAIS

Olhares

A linguagem (I)

O lago de Cartagena das Índias estava vivo e feliz quando os técnicos vieram salvá-lo. Então foi posto em prática o Plano de Reabilitação e Dignificação. Os arroios que nutriam o lago se converteram em tubos de cimento que conduzem merda e lixo, e agora o lago está moribundo.

A linguagem (II)

Os pobres são chamados de *carentes* ou *pessoas de escassos recursos*. A expulsão dos meninos pobres do sistema educacional é conhecida pelo nome de *evasão escolar*. Criminosos que não são pobres são chamados de *psicopatas*. Os países pobres são *países em desenvolvimento*. Para falar de cegos, diz-se *deficientes visuais*. Um negro é *um homem de cor*. Em lugar de ditadura militar, diz-se *processo*; as torturas são chamadas de *constrangimentos ilegais*.

Nunca se diz morte, mas *desaparecimento físico*. Onde se diz *longa e penosa enfermidade*, deve-se ler câncer ou aids; *mal súbito* significa infarto. Os mortos por bombardeios já não são mais mortos: são *danos colaterais*. Não se diz capitalismo, e sim *economia de mercado*. A lei da cidade é chamada de *lei da selva*.

A arte do bom governo

No dia 12 de fevereiro de 1992 os jornais brasileiros publicaram a notícia. Inundações em Minas Gerais. O rio São Francisco transbordou, deixando 50 mil pessoas sem casa. As vítimas pediram teto, roupa e comida. O governo mandou para elas duas mil caixinhas de Valium.

O desenvolvimento

A ponte sem rio.

Altas fachadas de edifícios sem nada atrás.

O jardineiro rega a grama de plástico.

A escada rolante não conduz a parte alguma.

A estrada nos permite conhecer os lugares que a estrada devastou.

A tela do televisor nos mostra um televisor que contém outro televisor, dentro do qual há um televisor.

O paraíso

Se nos portarmos bem, está prometido, veremos todos as mesmas imagens e ouviremos os mesmos sons e vestiremos as mesmas roupas e comeremos os mesmos hambúrgueres e estaremos sós na mesma solidão dentro de casas iguais em bairros iguais de cidades iguais onde respiraremos o mesmo lixo e serviremos aos nossos automóveis com a mesma devoção e obedeceremos às mesmas máquinas num mundo que será maravilhoso para todo aquele que não tiver pernas nem pés nem asas nem raízes.

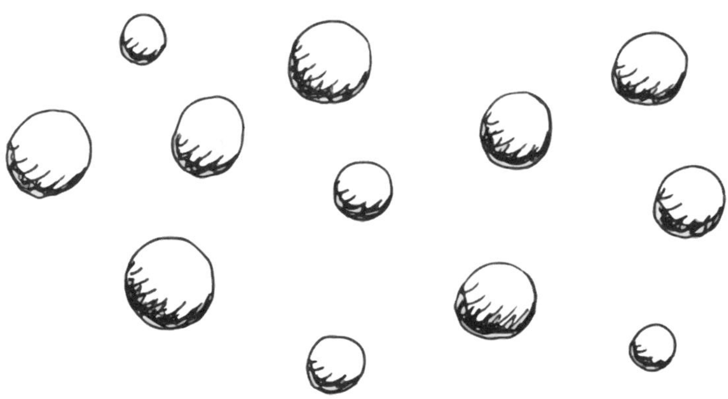

Nós

Dizem que faltamos ao nosso encontro com a história e, enfim, é preciso reconhecer que chegamos tarde a todos os encontros.

Tampouco conseguimos tomar o poder, e a verdade é que, às vezes, nos perdemos pelo caminho ou nos enganamos de rumo e depois tratamos de fazer um longo discurso sobre o tema.

Nós, latino-americanos, temos a má fama de charlatães, vagabundos, criadores de caso, esquentados e festeiros, e não há de ser por nada. Ensinaram-nos que, por lei do mercado, o que não tem preço não tem valor, e sabemos que nossa cotação não é muito alta. No entanto, nosso aguçado faro para negócios nos faz pagar por tudo que vendemos e comprar todos os espelhos que traem nosso rosto.

Levamos quinhentos anos aprendendo a nos odiar entre nós mesmos e a trabalhar de corpo e alma para a nossa perdição, e assim estamos; mas ainda não conseguimos corrigir nossa mania de abraços, de sonhar acordado e esbarrar em tudo, e certa tendência à ressurreição inexplicável.

Palavras que querem esquecer o esquecimento

Cidade de Goiânia, Brasil, setembro de 1987: dois papeleiros encontram um tubo de metal num terreno baldio. Quebram-no a marretadas e descobrem uma pedra de luz azul. A pedra mágica transpira luz, azulece o ar e dá fulgor a tudo o que toca.

Os papeleiros partem em pedaços essa pedra de luz e os oferecem aos vizinhos. Quem passa a pedra na pele, brilha à noite. O bairro todo é uma lâmpada. O pobrerio, subitamente rico de luz, está em festa.

No dia seguinte, os papeleiros vomitam. Comeram manga com coco, será por isso? Mas todo o bairro vomita e todos estão inchados, com queimaduras. A luz azul queima, devora, mata, e se dissemina levada pelo vento, pela chuva, pelas moscas, pelos pássaros.

Nunca mais se soube

Foi a maior catástrofe nuclear da História depois de Chernobyl. Muitos morreram, sabe-se lá quantos; muitos mais ficaram fodidos para sempre. Naquele bairro dos subúrbios de Goiânia, ninguém conhecia o significado da palavra *radioatividade* e ninguém jamais tinha ouvido falar do césio-137.

Nenhum dos responsáveis foi preso. A clínica que jogou fora o tubo de césio continua funcionando normalmente. A América Latina é terra de impunidades.

Chernobyl continua soando a cada dia aos ouvidos do mundo. De Goiânia nunca mais se soube. A América Latina é uma notícia condenada ao esquecimento. Em 1992, Cuba recebeu as crianças de Goiânia, enfermas de radioatividade, e desde então vem dando tratamento médico gratuito a elas. Este fato tampouco mereceu a menor atenção dos grandes meios de comunicação, apesar de as fábricas universais de opinião pública estarem sempre, como se sabe, muito preocupadas com Cuba.

Como se nada

Cidade do México, setembro de 1985: a terra treme. Mil casas e edifícios vêm abaixo em menos de três minutos.

Não se sabe, nunca se saberá quantos mortos deixou esse momento de horror na maior e mais frágil cidade do mundo. No princípio, quando começou a remoção dos escombros, o governo mexicano contou 5 mil. Depois, calou. Os primeiros cadáveres resgatados, que acabaram em valas comuns, forraram um estádio de beisebol inteiro.

As construções antigas suportaram o terremoto, mas os novos edifícios desmoronaram como se não tivessem alicerces, *porque muitos não os tinham* ou os tinham tão somente nas plantas. Passaram-se muitos anos e os responsáveis continuam impunes: os empresários que ergueram e venderam modernos castelos de areia, os funcionários que autorizaram a construção de arranha-céus na zona mais funda da cidade, os engenheiros que forjaram criminosamente os cálculos de cimentação e carga, os fiscais que enriqueceram fazendo vista grossa. Os escombros já foram retirados, novos edifícios se levantam sobre as ruínas, a cidade continua crescendo.

O reino da impunidade

No final de 1991, a revista *The Economist* e o jornal *The New York Times* publicaram um memorando interno do Banco Mundial assinado por um dos seus chefes. O economista Lawrence Summers, formado em Harvard, reconheceu a autoria. De acordo com o documento, o Banco Mundial devia estimular a migração das indústrias sujas para países menos desenvolvidos, por três razões: a lógica econômica, que aconselha despejar os desperdícios tóxicos sobre os países de renda mais baixa; os baixos níveis de poluição dos países com menos população; e a baixa incidência de câncer sobre as pessoas que morrem cedo.

Algumas vozes de protesto se ergueram, porque essas coisas a gente faz, mas não diz que faz, e a tecnocracia internacional merece o que ganha cultivando eufemismos; mas Lawrence Summers não é um poeta surrealista e sim um autor da exitosa corrente do realismo capitalista. Já se vai um bom tempo que o Sul serve de esgoto para o Norte, onde é despejado o lixo nuclear e o lixo industrial; e o memorando não inventava nada.

Com a poluição acontece a mesma coisa do que com a usura. Lá se vão dezesseis séculos que Santo Ambrósio, pai e doutor da Igreja, proibiu a usura entre os cristãos, mas a autorizou entre os bárbaros. *Onde existe o direito de guerra*, disse o piedoso, *existe o direito de usura*. Em nossos dias, o que está mal ao norte está bem ao sul, em função do direito de guerra dos poucos que usurpam quase tudo contra os muitos que não têm quase nada. Essa guerra não declarada justifica qualquer coisa para além dos muros da ordem e da civilização. O reino da impunidade se estende a partir das margens do Rio Grande e do mar Mediterrâneo, e lá dos picos do Himalaia.

Cinquenta mil vezes mais

Atraídos pelos baixos salários e pela liberdade de contaminação, várias empresas norte-americanas atravessaram a fronteira com o México nestes últimos anos. A cidade fronteiriça de Matamoros é um dos lugares onde as consequências estão à vista: a água potável é milhares de vezes mais tóxica do que nos Estados Unidos. De acordo com um recente estudo do Texas Center for Policy Studies, a água está 6 mil vezes pior nos arredores da fábrica da General Motors, e tem um nível 50 mil vezes mais tóxico do que a média norte-americana no rio onde a Stepan Chemical despeja seus resíduos.

Os jogos florais

O físico brasileiro Ennio Candotti afirmou que os países mais ricos e poderosos já não podem manter seus índices de desenvolvimento sem exportar devastação aos territórios alheios. O Japão, por exemplo, já não fabrica alumínio. O alumínio é produzido em países como o Brasil, onde a energia é barata e o meio ambiente sofre em silêncio. Se o preço do alumínio incorporasse o custo ecológico, esta indústria daninha não poderia competir nos mercados internacionais.

A Colômbia cria tulipas para a Holanda e rosas para a Alemanha. Empresas holandesas mandam os bulbos de tulipa à savana de Bogotá; empresas alemãs enviam estacas de rosas para Boiacá. Quando as flores crescem nas imensas plantações, a Holanda recebe as tulipas, a Alemanha recebe as rosas e a Colômbia fica com os salários baixos, a terra machucada e a água diminuída e envenenada. A socióloga colombiana María Cristina Salazar está investigando as arrasadoras consequências desses jogos florais na era industrial: a savana de Bogotá está secando e afundando; e os inseticidas e os adubos químicos, aplicados em grande escala, estão adoecendo as trabalhadoras e as terras de Boiacá.

A lei é a lei

Os habitantes da Cidade do México têm a mais alta concentração de chumbo no sangue. As indígenas que trabalham nas plantações da Guatemala amamentam com o leite mais intoxicado do planeta. Os agrotóxicos que aparecem na lista negra da Organização Mundial da Saúde são utilizados no Uruguai, que é um dos países com mais câncer no mundo.

Impunemente, a Volkswagen e a Ford produzem e vendem, na América Latina, automóveis sem os filtros que são obrigatórios na Alemanha e nos Estados Unidos. Impunemente, a Bayer e a Dow Chemical produzem e vendem, na América Latina, fertilizantes e pesticidas proibidos na Alemanha e nos Estados Unidos. O álibi é perfeito; as empresas dizem: *Respeitamos a lei de cada país.* Acontece, porém, que a lei de cada país rende tributo à lei universal, a lei do lucro, que o mundo do nosso tempo elevou à categoria de lei divina e que reina impunemente. E essa lei onipotente, que rege a "lógica econômica" do Banco Mundial, condena a natureza e a dignidade humana.

Nada de novo. Após cinco séculos, o desprezo virou costume. A impunidade se alimenta da fatalidade. Fomos treinados para crer que a desgraça é coisa do destino, como aquele fulano que por obedecer a lei da gravidade se atirou do décimo andar.

Um mal necessário

Como os edifícios do México que ruíram no terremoto, a democracia latino-americana teve seus pilares roubados. Só a justiça poderia dar a ela uma sólida base de apoio; mas no lugar da justiça temos uma amnésia obrigatória. Todos os países latino-americanos que emer-

giram das ditaduras militares, anos de sangue, imundície e medo, borrifaram água benta na testa dos torturadores e dos assassinos. A mais recente lei do esquecimento foi promulgada em El Salvador. E não é nada estranho que aqueles que aplaudem a impunidade na América Latina aplaudam com igual fervor os processos que estão sendo levados adiante contra os violadores de direitos humanos em países do leste da Europa. Ao Sul do mundo, o terrorismo de Estado é um mal necessário.

A ordem e seus reféns

Nos últimos anos duplicou a brecha que separa o Norte do Sul. Será preciso inventar um novo dicionário para o século que vem. A chamada *democracia universal* pouco ou nada tem de democrática, como o chamado *socialismo real* pouco ou nada tinha de socialista.

Nunca foi tão antidemocrática a distribuição dos pães e dos peixes: há para todos, mas poucos comem; e oitenta por cento da humanidade está obrigada a pagar a conta do desperdício dos eleitos. A ordem dos fortes, consagrada no vértice da sociedade de consumo, converte os fracos em reféns dominados pelo medo.

Por erro ou pelas dúvidas

Estes são tempos de desmantelamento do Estado na América Latina. A hora da verdade: sapateiro, aos sapatos. O Estado só merece existir para pagar a dívida externa e garantir a paz social, o que em bom linguajar significa vigiar e punir. Para evitar que os invisíveis se façam visíveis, é necessário comprar mais armas e multiplicar o pessoal fardado, enquanto os fundos públicos destinados à educação, à saúde e à habitação desmoronam, e os subsídios aos alimentos desaparecem.

O sistema fabrica pobres e declara guerra a eles. Os desesperados e os presos se multiplicam. Os presídios, sucursais do inferno, não dão conta. Em 1992 explodiram cinquenta motins nos presídios latino-americanos com maiores problemas de superlotação. Os motins deixaram um saldo de novecentos mortos, quase todos presos, quase todos executados a sangue-frio. Os que restabeleceram a ordem foram felicitados.

Dos mortos, alguns tinham cometido crimes que são brincadeira de criança comparados às façanhas de mais de um general condecorado. Outros eram culpados de roubos que parecem piada quando comparados com as fraudes dos nossos empresários e banqueiros mais exitosos, ou com as comissões que certos políticos cobram cada vez que vendem algum pedaço de país. E muitos foram presos por erro ou por via das dúvidas.

Salve-se quem puder

Os donos deste mundo de fim de século desenvolveram em níveis de deslumbrante perfeição, como nunca antes na história humana, a tecnologia da informação e da morte. Nunca tão poucos haviam sido capazes de manipular ou suprimir tantos. A ditadura eletrônica assegura impunidade à ditadura militar que as potências dominantes exercem em escala universal. Os mais atrozes atos de humilhação das pessoas e violação da natureza não são outra coisa que formas de afirmação e restabelecimento da ordem universal ameaçada. Nestes tempos de salve-se quem puder, a seleção natural favorece os mais aptos e os mais aptos são os mais fortes, os que têm o monopólio das armas e da televisão: os consumidores da sociedade de consumo que impunemente estão devorando a terra e no céu engolem a camada de ozônio.

A impunidade é surda

A guerra do Iraque foi um espetáculo de televisão, o maior e mais caro da história: um milhão de figurantes, um bilhão de dólares por dia. Saddam Hussein, que era o garoto mimado do Ocidente, foi subitamente transformado em Hitler porque invadiu o Kuwait, e George Bush encabeçou o castigo em nome do mundo: *O mundo já não pode esperar*. O supershow deixou uma longa fileira de iraquianos mortos, mas a televisão evitou essas imagens desagradáveis.

Um ano antes, Bush não tinha se convertido em Hitler quando invadiu o Panamá, e não tinha castigado a si mesmo em nome do mundo. Afinal das contas, os Estados Unidos já tinham invadido o Panamá outras vinte vezes ao longo do século, e a invasão número 21 foi televisionada como uma crônica de costumes.

Para agarrar o infiel general Noriega, que tinha sido seu empregado na CIA, Bush bombardeou os bairros mais pobres da cidade do Panamá, e atrás das bombas lançou o maior exército mobilizado desde a guerra do Vietnã. A televisão contou cem cadáveres. Depois, as cifras oficiais reconheceram que foram quinhentos. Agora se sabe que foram milhares.

As tropas de ocupação fabricaram um presidente, Guillermo Endara, na base norte-americana de Fort Clayton. A luta contra o narcotráfico terá servido de álibi para a invasão; mas este personagem inapresentável, saído de algum quadro de Botero, se pôs à frente do negócio de lavagem de dólares sujos.

Quando Endara organizou um plebiscito, três de cada quatro cidadãos votaram contra ele. Sua ilegitimidade não podia ser mais clamorosa; sua impunidade não podia ser mais escandalosa. E no final não houve outro remédio que convocar eleições, e os vencidos venceram.

Quem é o vilão?

O escritor norte-americano Bud Flakoll diz que os noticiários e as telenovelas são cada vez mais parecidos. O narcotráfico, que serviu de álibi no Panamá, continua sendo o pretexto da moda para a violação da soberania na América Latina. Nos noticiários, como nas telenovelas, existem os mocinhos e os vilões, as vítimas e os verdugos. A Colômbia, por exemplo, faz habitualmente o papel de vilã no filme; e o mercado consumidor é a vítima inocente. Mas o negócio da droga, uma indústria da morte não menos virtuosa que a indústria de armas, não existiria se não fosse alimentada pela proibição e se o mercado não desse a ela a razão de ser. Os narcotraficantes são os melhores alunos da escola econômica neoliberal: interpretando melhor do que ninguém as leis do mercado, eles oferecem oferta para a demanda que a requer. O negócio mais lucrativo do mundo é o resultado de um estilo de vida que gera ansiedade, solidão e angústia na vertigem da competição impiedosa, onde o êxito de poucos implica o fracasso de muitos. Esse estilo de vida, que obriga o consumo massivo de alívios químicos, se projeta cotidianamente, lá da telinha, como panaceia universal.

Mais explosivas que as bombas

Na Colômbia houve, em 1992, 26 mil assassinatos e 2 mil sequestros. Os colombianos são violentos por natureza, gente de gatilho alegre que os violentólogos deveriam estudar num microscópio? Ou a desafiadora violência é filha do desprezo e do desespero? Por que quando a economia cresce ela encolhe as pessoas? As contradições sociais, neste país de ricos riquíssimos e pobres paupérrimos, continuam sendo mais explosivas do que todas as bombas que a cada dia explodem em Medellín. Da mesma forma que o narcotráfico não nasce da orelha de uma cabra, a guerrilha tampouco vem da boca do Diabo.

Muitos dos crimes são obra direta do terrorismo de Estado, que se alimenta da impunidade oficial e do silêncio cúmplice dos meios dominantes de comunicação. As organizações de defesa dos direitos humanos publicaram uma detalhada lista de 250 chefes militares e cem oficiais da polícia responsáveis por assassinatos, desaparecimentos, matanças e torturas entre 1977 e 1991. Só dez deles foram punidos. Os outros mandam.

Os meios e os fins

Já não é necessário que os fins justifiquem os meios. Agora os meios, os meios de comunicação, justificam os fins. A injustiça social se reduz a um assunto de polícia. Se os conjuntos de indivíduos já não formam povos, e sim sociedades de consumo, e o consumo está vedado a oitenta por centro da humanidade, a ordem mundial depende da aplicação implacável da tecnologia da repressão e do esquecimento. A máscara da impunidade, que oculta o rosto, é tecida com os fios da impotência e da resignação. Mas há uma ameaça latente em cada uma das vítimas desse sistema que combate as consequências de seus próprios atos. Em plena euforia, na hora de celebrar a aniquilação de seus inimigos, o sistema não pode deixar de suspeitar que está condenado a criá-los.

Testemunhas

O professor e o jornalista passeiam pelo jardim.

E então Jean-Marie Pelt, o professor, se detém, aponta com o dedo e diz:

– *Quero apresentar você às nossas avós.*

E o jornalista, Jacques Girardon, se agacha e descobre uma bolinha de espuma que assoma no meio do capim.

É uma população de microscópicas algas azuis. Nos dias de muita umidade, as algas azuis se deixam ver. Assim, todas juntas, parecem uma cusparada. O jornalista franze o nariz: a origem da vida não tem um aspecto dos mais atrativos, mas é dessa baba, dessa porcaria, que viemos todos aqueles que temos pernas, patas, raízes, nadadeiras ou asas.

Antes do antes, nos tempos da infância do mundo, quando não havia cores nem sons, elas, as algas azuis, já existiam. Jorrando oxigênio, deram cor ao mar e ao céu. E um belo dia, um dia que durou milhões de anos, muitas algas azuis decidiram transformar-se em algas verdes. E as algas verdes foram gerando, pouco a pouco, liquens, fungos, musgos, medusas e todas as cores e sons que depois vieram, viemos, a alvoroçar o mar e a terra.

Mas outras algas azuis preferiram continuar do jeito que eram.

E assim continuam sendo.

Desde aquele remoto mundo que foi, elas olham o mundo que é.

Não se sabe o que elas acham.

Primeiras letras

Com as toupeiras, aprendemos a cavar túneis.

Com os castores, aprendemos a fazer diques.

Com os pássaros, aprendemos a fazer casas.

Com as aranhas, aprendemos a tecer.

Com o tronco que rodava ladeira abaixo, aprendemos a roda.

Com o tronco que flutuava à deriva, aprendemos a nau.

Com o vento, aprendemos a vela.

Quem nos terá ensinado a astúcia? Com quem aprendemos a atormentar o próximo e a humilhar o mundo?

A natureza ensina

Na Amazônia, a natureza dá aulas de diversidade.

Os nativos reconhecem dez tipos diferentes de solo, oitenta variedades de plantas, 43 espécies de formigas e 310 espécies de pássaros num único quilômetro.

A primeira guerra da água

Da água havia nascido, e de água era, a grande cidade de Tenochtitlán.

Diques, pontes, tubulações, canais: pelas ruas de água, duzentas mil canoas iam e vinham entre as casas e as praças, os templos, os palácios, os mercados, os jardins flutuantes, as plantações.

A conquista do México começou sendo uma guerra da água, e a derrota da água anunciou a derrota de todo o resto.

Em 1521, Hernan Cortez sitiou Tenochtitlán, e a primeira coisa que fez foi romper a golpes de machado o aqueduto de madeira que trazia, do bosque de Chapultepec, a água de beber. E quando a cidade caiu, após muita matança, Cortez mandou demolir seus templos e palácios e jogou os escombros nas ruas de água.

A Espanha tinha más relações com a água, que era coisa do Diabo, heresia muçulmana, e da água vencida nasceu a Cidade do México, erguida sobre as ruínas de Tenochtitlán. E continuando a obra dos guerreiros, os engenheiros foram bloqueando com pedras e terra, ao longo dos tempos, todo o sistema circulatório dos lagos e rios da região.

E a água se vingou, e várias vezes invadiu a cidade colonial, e isso não fez mais do que confirmar que ela era aliada dos índios pagãos e inimiga dos cristãos.

Século após século, o mundo seco prosseguiu na guerra contra o mundo molhado.

Agora, a Cidade do México morre de sede. À procura de água, escava. Quanto mais escava, mais afunda. Onde havia ar, há pó. Onde havia rios, há avenidas. Onde corria a água, correm os automóveis.

A PAZ DA ÁGUA

Não é formado por juristas o tribunal mais justo do mundo – que é, além de tudo, o mais antigo da Europa.

O Tribunal das Águas foi fundado em Valência no ano de 960, e desde aquele tempo se reúne todas as quintas-feiras, ao meio-dia, numa porta da catedral que tinha sido mesquita.

Esta justiça não vem do alto, nem de fora: os juízes são os lavradores que cultivam suas próprias terras, e entre eles resolvem os litígios pela água dos oito açudes que regam as hortas de Valência.

Os açudes são, como o tribunal, uma herança da Espanha muçulmana.

Fundação da ecologia

Esse alemão curioso e valente estava preocupado com o desenvolvimento sustentável, muito antes que isso se chamasse assim. Em todas as partes ficava maravilhado pela diversidade dos recursos naturais e horrorizado pelo pouco respeito com que eram tratados.

Na ilha Uruana, no rio Orinoco, Humboldt notou que os índios não recolhiam uma boa parte dos ovos que as tartarugas deixavam na praia, para que a reprodução continuasse, mas os europeus não tinham imitado esse bom hábito e sua voracidade estava extinguindo uma riqueza que a natureza havia posto ao alcance da mão.

Por que baixavam as águas no lago venezuelano de Valência? Porque as plantações coloniais haviam arrasado os bosques nativos. Humboldt dizia que as velhas árvores retardavam a evaporação da água da chuva, evitavam a erosão do solo e garantiam o equilíbrio harmonioso dos rios e das chuvas. Seu assassinato era a causa das secas ferozes e das inundações irrefreáveis:

– *Não apenas o lago de Valência* – dizia. – *Todos os rios da região estão cada vez menos caudalosos. A cordilheira está desmatada. Os colonos europeus destroem os bosques. Os rios secam, durante boa parte do ano, e quan-*

do chove na cordilheira se transformam em torrentes que arrasam os campos.

22 DE MARÇO:
Dia da Água

De água somos.

Da água brotou a vida. Os rios são o sangue que nutre a terra, e são feitas de água as células que nos pensam, as lágrimas que nos choram e a memória que nos recorda.

A memória nos conta que os desertos de hoje foram os bosques de ontem, e que o mundo seco foi mundo molhado, naqueles remotos tempos em que a água e a terra eram de ninguém e eram de todos.

Quem ficou com a água? O macaco que tinha o porrete. O macaco desarmado morreu de uma porretada. Se não me engano, assim começava o filme *2001, uma odisseia no espaço*.

Algum tempo depois, no ano de 2009, uma nave espacial descobriu que existe água na Lua. A notícia apressou os planos de conquista.

Pobre Lua.

O rio

Há três séculos, o rio fugiu dos franceses. Depois, os ingleses também não conseguiram prendê-lo. Ele nunca estava onde os mapas diziam que estava. Algum colono desenhava seu curso algum dia, e na noite daquele dia o rio escapava e se punha a correr por outros rumos.

Em 1830, foi caçado. A cidade de Chicago cresceu cravada nas suas margens, para que ele nunca mais fugisse. E no final do século XIX, a cidade completou a civilização do selvagem, obrigando-o a fluir ao contrário, e trancando-o entre altos muros de cimento.

Certa manhã da primavera de 1992, quando o rio já levava muito tempo portando-se bem, a cidade amanheceu com os pés molhados. Foi um jeito feio de acordar. O metrô transpirava, transpiravam os porões. O rio domado tinha se desatado, e não havia meios de pará-lo: brotava pelos poros das paredes, em gotas primeiro e aos jorros depois, até que avançou contra a cidade e inundou suas ruas.

Após alguns dias de combate, o rebelde foi vencido.

Desde então, a cidade dorme com um olho aberto.

Amarelo

O rio mais temido da China chama-se Amarelo por causa da loucura de um dragão ou da loucura humana.

Antes que a China fosse a China, o dragão K'au-fu tentou atravessar o céu montado num dos dez sóis que existiam naquele tempo.

Ao meio-dia, não pôde mais suportar o fogo.

Incendiado pelo sol, louco de sede, o dragão se deixou cair no primeiro rio que viu. Despencou das alturas até o fundo e bebeu toda a água, até a última gota, e onde

o rio tinha estado não sobrou nada além de um longo leito de barro amarelo.

Há quem diga que esta versão não é séria. E dizem que está historicamente comprovado que o rio Amarelo tem esse nome há uns 2 mil anos, desde que foram assassinados os bosques vizinhos que o defendiam das avalanchas de neve, barro e lixo. E então o rio, que tinha sido verde como o jade, perdeu sua cor e ganhou seu nome. E com o passar do tempo, as coisas foram piorando, até que o rio se transformou numa grande cloaca. Em 1980, quatrocentos delfins viviam ali. No ano de 2004, tinha sobrado um. Não durou muito.

A viagem da terra

A terra negra da Amazônia, também chamada de *biochar*, é obra da longuíssima e desprezada história da agricultura indígena na selva.

Essa terra, que fertiliza os solos sem se decompor nunca, alimenta-se dos 1.001 pedacinhos da cerâmica que os indígenas quebram e semeiam, para devolver à terra a olaria que da terra vem.

Graças a este ato de gratidão religiosa, a terra se regenera sem parar, de tempo em tempo, de mão em mão.

5 DE JUNHO:
A NATUREZA NÃO É MUDA

A realidade pinta naturezas-mortas.

As catástrofes são chamadas de *naturais*, como se a natureza fosse o verdugo e não a vítima, enquanto o clima fica louco de pedra e nós também.

Hoje é o Dia do Meio Ambiente. Um bom dia para celebrar a nova Constituição do Equador, que no ano de 2008, pela primeira vez na história do mundo, reconheceu a natureza como sujeito de direito.

Parece estranho que a natureza tenha direitos, como se fosse pessoa. E ao mesmo tempo parece a coisa mais normal que as grandes empresas dos Estados Unidos tenham direitos humanos. E têm, por decisão da Suprema Corte de Justiça, desde 1886.

Se a natureza fosse um banco, já teria sido salva.

22 DE ABRIL:
Dia da Terra

Certa vez, Einstein disse:

– *Se as abelhas desaparecessem, quantos anos de vida sobrariam para a terra? Quatro, cinco? Sem as abelhas não há polinização, e sem polinização não há plantas, nem animais, nem gente.*

Ele falou isso numa roda de amigos.

Os amigos riram.

Ele, não.

E agora acontece que existem cada vez menos abelhas no mundo.

E hoje, Dia da Terra, vale a pena lembrar que isso não acontece por vontade divina nem maldição diabólica, e sim

por causa do assassinato das matas nativas e da proliferação dos bosques industriais,

por causa dos cultivos de exportação, que proíbem a diversidade da flora,

por causa dos venenos que matam as pragas enquanto matam a vida natural,

por causa dos fertilizantes químicos, que fertilizam o dinheiro e esterilizam o solo,

e por causa das radiações de alguns aparelhos que a publicidade impõe à sociedade de consumo.

Mudos

Muitos são os anéis que seus aniversários desenharam em seu tronco. Essas árvores, esses gigantes cheios de anos, levam séculos cravados no fundo da terra, e não podem fugir. Indefesos diante das serras elétricas, rangem e caem. Em cada derrubada o mundo vem abaixo, e a passarada fica sem casa.

Morrem assassinados os velhos estorvos. Em seu lugar, crescem os jovens rentáveis. Os bosques nativos abrem espaço para os bosques artificiais. A ordem, ordem militar, ordem industrial, triunfa sobre o caos natural. Parecem soldados em fila os pinheiros e eucaliptos de exportação, que marcham rumo ao mercado internacional.

Fast food, fast wood: os bosques artificiais crescem num instante e vendem-se num piscar de olhos. Fontes de divisas, exemplos de desenvolvimento, símbolos do progresso, esses criadouros de madeira ressecam a terra e arruínam os solos.

Neles, os pássaros não cantam.

As pessoas os chamam de *bosques do silêncio*.

Diálogo verde

Parecem imóveis, mas respiram e andam, procurando luz.

E falam. Sabe-se pouco, mas está provado, pelo menos, que quando uma árvore sofre golpes ou é ferida, se defende transpirando veneno e lança um sinal de alerta às árvores vizinhas. Pelo ar viajam palavras que no idioma arvorês dizem: *perigo*, e dizem: *cuidado*. E então também as árvores vizinhas se defendem transpirando veneno.

Talvez tenha sido assim desde as primeiras árvores que se ergueram sobre a terra e se multiplicaram, e tão imensos foram os bosques que, segundo reza a tradição, um esquilo poderia percorrer o mundo de galho em galho.

Agora, entre deserto e deserto, as árvores sobreviventes mantêm esse antigo costume de boa vizinhança.

O GINKGO

É a mais antiga das árvores. Está no mundo desde os tempos dos dinossauros.

Dizem que suas folhas evitam a asma, acalmam a dor de cabeça e aliviam os achaques da velhice.

Também dizem que o ginkgo é o melhor remédio para a memória fraca. Está comprovado. Quando a bomba atômica transformou a cidade de Hiroshima num deserto de negror, um velho ginkgo caiu fulminado perto do centro da explosão. A árvore ficou tão calcinada como o templo budista que protegia. Três anos depois, alguém descobriu que uma luzinha verde assomava no carvão. O tronco morto havia dado um broto. A árvore renasceu, abriu seus braços, floresceu.

Esse sobrevivente da matança continua lá.

Para que ninguém esqueça.

Enigma

São os mimados da família.

São glutões, devoram petróleo, gás, milho, cana-de-açúcar e o que vier.

São donos do tempo humano, dedicado a banhá-los, a dar-lhes comida e abrigo, a falar deles e para eles abrir caminho.

Reproduzem-se mais do que nós, e já são dez vezes mais numerosos do que há meio século.

Matam mais gente que as guerras, mas ninguém denuncia seus assassinatos, e menos ainda os jornais e canais de televisão que vivem da sua publicidade.

Nos roubam as ruas, nos roubam o ar.

E dão risada quando nos escutam dizer: *eu sei dirigir*.

22 DE SETEMBRO: Dia sem automóveis

Os ecologistas e outros irresponsáveis propõem que por um dia, no dia de hoje, os automóveis desapareçam do mundo.

Um dia sem automóveis? E se o exemplo se propaga e esse dia passa a ser todos os dias?

Que Deus não permita, e o Diabo tampouco.

Os hospitais e os cemitérios perderiam sua clientela mais numerosa.

As ruas se encheriam de ciclistas ridículos e patéticos pedestres.

Os pulmões já não poderiam respirar o mais saboroso dos venenos.

As pernas, que tinham se esquecido de caminhar, tropeçariam em qualquer pedrinha.

O silêncio aturdiria os ouvidos.

As estradas seriam desertos deprimentes.

As rádios, as televisões, as revistas e os jornais perderiam seus mais generosos anunciantes.

Os países petroleiros ficariam condenados à miséria.

O milho e a cana-de-açúcar, agora transformados em comida de automóveis, regressariam ao humilde prato humano.

Marketing

No final dos anos 20, a publicidade difundiu esta maravilhosa novidade, ao rufar dos tambores: *Você pode voar!* A gasolina com chumbo corria mais, e quem corria mais triunfava na vida. Os anúncios mostravam um menino envergonhado, num carro que andava a passo de tartaruga: *Puxa, papai, todos estão passando a gente!*

A gasolina aditivada com chumbo foi inventada nos Estados Unidos, e dos Estados Unidos o bombardeio da publicidade a impôs no mundo. Em 1986, quando finalmente o governo daquele país decidiu proibi-la, eram incalculáveis as vítimas de envenenamento no planeta inteiro. Sabia-se, é verdade, que a gasolina com chumbo estava matando adultos nos Estados Unidos num ritmo de 5 mil por ano, e que durante sessenta anos tinha provocado danos ao sistema nervoso e ao nível mental de milhões de crianças.

Os principais autores do crime foram dois executivos da General Motors, Charles Kettering e Alfred Sloan. Eles passaram à história como benfeitores da humanidade, porque fundaram um grande hospital.

O OUTRO CASTIGO

Não apenas por pena de exílio os povos marinheiros perdem seus mares.

Dia sim, e o outro também, a maré negra, pegajosa e mortal, ataca as águas e suas margens. No final do ano de 2002, um barco petroleiro, partido pelo meio, vomitou seu veneno sobre a Galícia e mais além.

A costa, negra de petróleo, se encheu de cruzes. Os peixes mortos e as aves mortas flutuavam na podridão das águas.

O Estado? Cego. O governo? Surdo.

Mas os pescadores, barcos ancorados, redes recolhidas, não estavam sozinhos. Milhares e milhares de voluntários enfrentaram, com eles, a invasão inimiga. Armados de pás e tachos e do que puderam encontrar, foram despindo trabalhosamente, dia após dia, semana após semana, as areias e as rochas que o petróleo havia vestido de luto.

Essas muitas mãos estavam mudas? Elas não pronunciavam discursos de teatro. Fazendo diziam, em galego: *Nunca máis*.

Janela para a utopia

– Ela está no horizonte – diz Fernando Birri. – Me aproximo dois passos, ela se afasta dois passos. Caminho dez passos e o horizonte corre dez passos. Por mais que eu caminhe, jamais a alcançarei.

Para que serve a utopia? Serve para isso: para caminhar.

PARTE III
A SOCIEDADE DO DESPERDÍCIO

Uma ditadura sem oposição: a autocracia

Sequestro dos fins pelos meios: o supermercado compra você, o televisor vê você, o automóvel dirige você. Os gigantes que fabricam automóveis e combustíveis, negócios quase tão suculentos como as armas e as drogas, nos convenceram que o motor é a única prolongação possível do corpo humano.

Em nossas cidades, submetidas à ditadura do automóvel, a grande maioria das pessoas não tem outra alternativa que pagar passagem para viajar, feito sardinhas em lata, num transporte público arrebentado e escasso. As ruas latino-americanas nunca oferecem espaço para a bicicleta, desprezado veículo que é um símbolo do atraso quando não é usado como passatempo ou esporte.

A sociedade de consumo, oitava maravilha do mundo, décima sinfonia de Beethoven, nos impõe sua simbologia do poder e sua mitologia de ascensão social.

Quem é o amo?

O automóvel é seu melhor amigo, informa um anúncio. A vertigem sobre rodas fará você feliz: *Viva uma paixão!*, oferece outro anúncio. A publicidade convida você a entrar na classe dominante por meio da chavezinha mágica que liga o motor: *Se imponha!*, manda a voz que dita das ordens do mercado, e também: *Demonstre sua personalidade!* E se você puser um tigre no seu tanque, de acordo com os cartazes que recordo da minha infância, será mais veloz e poderoso que todo mundo, e vai esmagar quem quiser obstruir seu caminho rumo ao êxito.

A linguagem fabrica a realidade ilusória que a publicidade necessita para vender. Mas na realidade real, os instrumentos criados para multiplicar a liberdade contribuem para nos encarcerar. O automóvel, máquina de ganhar tempo, devora o tempo humano. Nascido para nos servir, nos põe ao seu serviço: nos obriga a trabalhar mais e mais horas para poder alimentá-lo, nos rouba o espaço e envenena o nosso ar.

Respirar é uma aventura perigosa

Em nome da liberdade empresarial, da liberdade de circulação e da liberdade de consumo, o ar urbano se tornou irrespirável. O automóvel não é o único culpado do crime cotidiano do ar no mundo, mas é o que mais diretamente ataca os habitantes das cidades. As ferozes descargas de chumbo que se metem no sangue e agridem os nervos, o fígado e os ossos têm efeitos devastadores sobretudo no Sul do mundo, onde não são obrigatórios os catalisadores nem a gasolina sem chumbo. Mas nas cidades de todo o planeta, o automóvel gera a maior parte dos gases que intoxicam o ar, adoecem os brônquios e os olhos e são suspeitos de causar câncer.

Em Santiago do Chile, pelo que os ecologistas denunciaram, cada criança que nasce aspira o equivalente a sete cigarros diários, e uma a cada quatro crianças sofre alguma forma de bronquite.

A venda de espelhinhos

Um amigo brasileiro voa até a cidade de São Paulo. No avião, conhece uma turista que vem de Singapura. Singapura é, como se sabe, um desses tigres asiáticos que a tecnocracia internacional nos vende como milagres produzidos pela liberdade do dinheiro e o esfumaçar do Estado.

Meu amigo fica boquiaberto: essa turista é professora de escola pública em Singapura e ganha *quinze vezes mais* do que uma professora brasileira, porque em Singapura o Estado não maltrata a educação. No aeroporto, outra surpresa ao contratar uma corrida até o centro da cidade: para uma distância equivalente o táxi custa, em Singapura, *quinze vezes menos*, porque lá o Estado subsidia amplamente o transporte público. E quando chegam ao centro, as ruas de São Paulo estão tapadas pelo trânsito e o ar é uma cortina cinzenta. No meio do estrépito inimigo dos ouvidos e da alma, meu amigo chega a escutar a terceira surpresa: em Singapura, onde o trânsito também é um inferno, o Estado precisou limitar severamente a circulação de automóveis privados por meio de altíssimos impostos e taxas.

Evite o ar livre

O que é a ecologia? Um táxi pintado de verde? Na Cidade do México os táxis pintados de verde são chamados de *táxis ecológicos*, e são chamadas de *parques ecológicos* as poucas árvores de cor enfermiça que sobrevivem ao assédio dos carros.

Numa publicação oficial do final de 1993, as autoridades da capital mexicana difundiram alguns *conselhos ecológicos* que parecem inspirados nos mais sombrios profetas do apocalipse. A Comissão Metropolitana para Prevenção e Controle da Contaminação Ambiental recomenda textualmente aos habitantes da cidade que, nos dias de muita contaminação, que são quase todos,

permaneçam o menor tempo possível ao ar livre,

mantenham as portas, janelas e janelinhas fechadas

e não pratiquem exercícios entre as dez da manhã e as quatro da tarde.

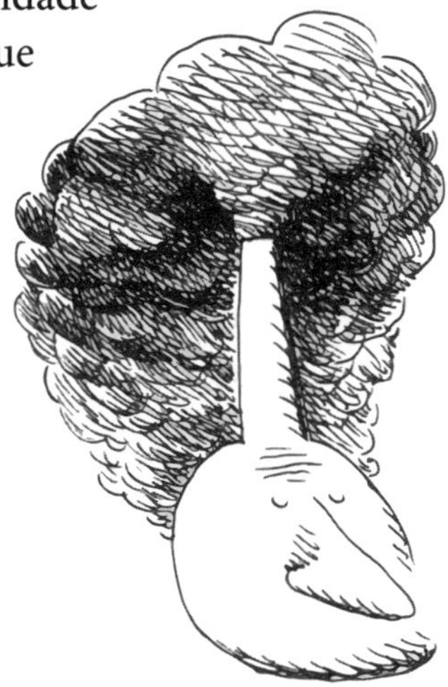

Caminhar também é uma perigosa aventura

De acordo com o que contam os entendidos em antiguidades gregas, a cidade nasceu como lugar de encontro entre as pessoas. Há lugar para as pessoas nessas imensas garagens? Pouco antes da publicação dos *conselhos ecológicos*, eu me lancei a caminhar pelas ruas da Cidade do México. Caminhei quatro horas entre o rugido dos motores. Sobrevivi. Meus amigos me deram emocionantes boas-vindas, mas me recomendaram um bom psiquiatra.

O automóvel mata uma multidão por ano, e isso no mundo inteiro. Em muitos países as estatísticas são duvidosas ou inexistentes ou não estão atualizadas. As últimas estimativas mundiais disponíveis, do Worldwatch Institute de Washington, indicam que pelo menos 250 mil pessoas morreram em acidentes de trânsito em 1985. Nem a Guerra do Vietnã matou tanta gente em um só ano.

Na Alemanha, para dar exemplos de um país onde as estatísticas funcionam, houve em 1992 cinco vezes mais mortos por automóveis do que por drogas. Nesse mesmo ano, o automóvel matou o dobro de alemães que a aids em seus dez anos de história.

No mundo inteiro, o trânsito é a primeira causa de morte entre os jovens, acima de qualquer doença, droga ou crime. Uma tremenda campanha internacional de propaganda, com frequentes tendências ao terrorismo, adverte a cada dia os jovens sobre os riscos do sexo em tempos de aids. Por que não fazem uma campanha semelhante sobre os perigos do automóvel? A carteira de motorista equivale à licença para porte de armas?

Um território livre de automóveis

Andar de bicicleta pelas ruas das grandes cidades latino-americanas que não têm pistas apropriadas é a maneira mais prática de cometer suicídio. Nos países do Sul do planeta, onde as normas existem para serem violadas, há muito menos automóveis que nos do Norte, mas os automóveis matam muito mais.

Por que os latino-americanos que não têm nem terão carro próprio, a imensa maioria que não pode nem poderá comprar um, continuam condenados a ficar plantados nas esquinas, sem outro remédio que esperar os escassos ônibus? Por que continuam obrigados a pagar passagens que levam boa parte de seus raquíticos salários, sem outra alternativa? Por que não são abertas, antes que seja tarde, pistas protegidas para a circulação de bicicletas nas avenidas e nas ruas principais?

Talvez algumas cidades latino-americanas, as mais babilônicas, já tenham passado do ponto sem volta no caminho da sua própria perdição. Mas há outras onde seria perfeitamente possível a criação de um território livre de automóveis.

A bicicleta como desgraça

Os automóveis não votam, mas os políticos têm pânico de provocar neles o menor desgosto.

Nenhum governo latino-americano, civil ou militar, de direita, de centro ou de esquerda, se atreveu a desafiar o poder motorizado.

É verdade que recentemente Cuba se encheu de bicicletas, mas isso não havia ocorrido durante os trinta e tantos anos de revolução, durante os quais Cuba poderia ter *escolhido* esse veículo muito barato, que não polui o ar e não requer outro combustível que o músculo humano. Não: a bicicleta aparece massivamente em Cuba quando não há outro remédio, porque não sobrou nem uma gota de petróleo: não como uma alegria desfrutável, mas como uma calamidade inevitável.

O modelo Los Angeles

Nem mesmo as revoluções, e ninguém poderia negar nelas a vontade de mudança, se propuseram a pôr em prática a mais singela maneira de diminuir a dependência diante das onipotentes empresas que dominam o negócio do transporte e do petróleo no mundo.

Nós, latino-americanos, engolimos a pílula de que o inferno de Los Angeles é o único modelo possível de modernização: uma vertiginosa autoestrada que despreza o transporte público, pratica a velocidade como uma forma de violência e expulsa as pessoas. Nos treinaram para consumir veneno, e pagamos por ele qualquer preço desde que venha numa embalagem deslumbrante.

Não há pior colonialismo do que o que conquista nosso coração e apaga a nossa razão.

A bicicleta como passatempo

A Alemanha é o reino das bicicletas. Há quase uma bicicleta por habitante. Mas isso não significa que a maioria dos alemães use a bicicleta como meio de transporte. Nos fins de semana, as autoestradas se enchem de bicicletas... presas sobre os automóveis. Num recente artigo publicado no *ZEITmagazin*, o jornalista Michael Miersch explica que a bicicleta ajuda o meio ambiente *só quando substitui o automóvel, por exemplo, no caminho para o trabalho. Os cidadãos que nos fins de semana viajam até a natureza com a bicicleta em cima do automóvel não resolvem nenhum problema: criam mais problemas.*

Por que não?

Eu vivo numa cidade onde há um automóvel de uso particular para cada oito habitantes, o que ainda é pouco proporcionalmente, mas a quantidade de automóveis cresce de forma perigosa ano após ano e nosso índice de acidentes fatais é um dos mais altos do mundo. Os poucos montevideanos que usam a bicicleta como veículo *a caminho do trabalho* correm o risco de se transformar em mártires da ecologia.

Nós, uruguaios, gostamos de discursar sobre a qualidade de vida, mas Montevidéu continua perdendo a oportunidade de pôr em prática uma lindíssima experiência de transporte alternativo. A bicicleta seria um meio de transporte perfeitamente possível, como meio único ou complementar, para muitíssima gente.

Por que não instalam, de uma vez por todas, as imprescindíveis pistas exclusivas? Bastaria colocar um bloco a cada metro, ao longo das trilhas livres. Lugar, há. E onde não há, pode-se inventar. Ou será que só é possível alargar as avenidas para reduzir o espaço humano em benefício do automóvel? (Às vezes, como consolo, nos deixam, em calçadas mínimas, umas arvorezinhas bonsai.)

Montevidéu ainda tem um tamanho bastante humano, com distâncias que não assustam o pedal; e embora não seja uma cidade plana, suas suaves lombadas não obrigam a extenuantes sobe-desces, com exceção de uns poucos trechos empinados. E até o clima ajuda. Não sofremos os calores de Cantão nem os frios de Amsterdã, cidades onde nem os calores nem os frios impedem que a bicicleta seja o meio de transporte mais frequente.

Use e jogue fora

A sociedade de consumo consome fugacidades. Coisas, pessoas: as coisas, fabricadas para não durar, morrem ao nascer; e há cada vez mais pessoas jogadas no lixo assim que aparecem na vida. Os meninos abandonados nas ruas da Colômbia, que antes eram chamados de *gamines*, agora se chamam *descartáveis* e estão marcados para morrer. Os numerosos ninguéns, os fora de lugar, são *economicamente inviáveis*, de acordo com o linguajar técnico. A lei do mercado os expulsa, por superabundância de mão de obra barata. O Norte do mundo gera lixo em quantidades assombrosas. O Sul do mundo gera marginalizados. Qual é o destino dos excedentes humanos? O sistema os convida a desaparecer, dizendo a eles: *Vocês não existem.*

O Sul, lixeira do Norte

O que o Norte faz com suas imensidões de lixo venenoso para a natureza e para as pessoas? Envia aos grandes espaços vazios do Sul e do Leste pela mão de seus banqueiros, que exigem liberdade para o lixo a troco de créditos, e pela mão de seus governos, que oferecem subornos.

A organização Greenpeace demonstrou que a Alemanha gastaria mil marcos neutralizando cada tonelada de resíduos perigosos, mas gastando nada mais do que cem os exporta para a Rússia ou para a África. Os 24 países que formam a Organização para a Cooperação no Desenvolvimento Econômico do Terceiro Mundo produzem 98 por cento dos descartáveis venenosos do planeta inteiro. Eles cooperam com o desenvolvimento presenteando o Terceiro Mundo com seu lixo radioativo e o outro lixo tóxico que não sabem onde enfiar. Proíbem a importação de substâncias contaminantes e as derramam generosamente em cima dos países pobres. Fazem com o lixo a mesma coisa que com os pesticidas e adubos químicos proibidos em casa: exportam para o Sul batizados com outros nomes. Boa parte do lixo norte-americano descarregada no México chega embrulhada em *projetos de desenvolvimento* ou disfarçada de *ajuda humanitária*, e não por acaso a zona fronteiriça é a mais contaminada do planeta, e o rio Bravo, o mais envenenado. Embora a maior parte do lixo viaje de contrabando, a Agência de Proteção Ambiental dos Estados Unidos reconhece que o México recebeu *legalmente*, em 1992, 72 mil toneladas de detritos tóxicos do seu vizinho. Sete vezes mais que no ano anterior, e vai saber quantas vezes menos do que nestes novos tempos de fronteira aberta.

O presidente da Argentina, Carlos Menem, se oferece: temos aqui, diz ele, muito lugar. A lei argentina impede o ingresso de resíduos perigosos, mas para resolver o problema basta um certificado de inocuidade expedido pelo país que quer se livrar deles.

A VERGONHA DE NÃO TER

O planeta? Use e jogue fora. No reino do efêmero, tudo se converte imediatamente em ferro-velho. Para que bem se multipliquem a demanda, as dívidas e os lucros, as coisas se esgotam num piscar de olhos, como as imagens que dispara a metralhadora da televisão e as modas e os ídolos que a publicidade lança no mercado. O modelo do ano passado é uma antiguidade de museu.

O direito ao desperdício, privilégio de poucos, diz ser a liberdade de todos. *Diga quanto consomes e te direi quanto vales*, o Norte proclama ao mundo, e os televisores, pregadores eletrônicos, difundem o evangelho da modernização. A dor de já não ser, que o tango outrora cantou, deixa espaço para a dor de não ter; e o Sul, lixeira do Norte, faz todo o possível para se converter em sua caricatura.

Mas a sociedade de consumo convida para uma festa proibida. As bolhas fulgurantes explodem contra o alto muro da realidade. A pouca natureza que sobra no mundo, maltratada e à beira do esgotamento, não poderia sustentar o delírio do supermercado universal; e, no final das contas, a grande maioria das pessoas consome pouco, pouquinho e nada necessariamente, para garantir o equilíbrio da economia mundial mediante seus braços baratos e seus produtos a preço de nada: braços e produtos que valem menos a cada dia, enquanto a tecnologia suprime mão de obra e substitui matérias-primas nos laboratórios. Num mundo unificado pelo dinheiro, a modernização expulsa muito mais gente do que integra.

Para uma inumerável quantidade de crianças e jovens da América Latina, *o convite ao consumo é um convite ao delito.* A publicidade te dá água na boca e a polícia te enche de porrada. O sistema nega o que oferece; e não existe Valium que faça dormir essa ansiedade, nem Prozac capaz de apagar esse tormento. A luta social aparece nas páginas policiais dos jornais tanto ou mais do que nas páginas políticas e sindicais.

Nascer é uma culpa

O mundo do fim do século viaja com mais náufragos do que navegantes, e os técnicos denunciam os *excedentes de população* no Sul, onde as massas ignorantes não sabem fazer outra coisa além de violar o sexto mandamento dia e noite. *Excedente de população* no Brasil, onde há dezessete habitantes por quilômetro quadrado, ou na Colômbia, onde há 29? A Holanda tem quatrocentos habitantes por quilômetro quadrado e nenhum holandês morre de fome; mas no Brasil e na Colômbia um punhado de vorazes fica com todos os pães e todos os peixes.

Cada vez há mais crianças marginalizadas que, pelo que suspeitam certos experts, *nascem com tendência ao crime e à prostituição*. Essas crianças integram o setor mais perigoso dos *excedentes de população*. A criança como ameaça pública, *a conduta antissocial do menor na América*, é tema recorrente dos Congressos Pan-Americanos da Infância desde 1963.

Lélia tem catorze anos. Foi criada no abandono de Deus pelas ruas do Rio de Janeiro. Ela não chora nunca. Ou, melhor dizendo, chora por dentro, e as lágrimas guardadas formaram um charco de veneno em sua alma. *Todo mundo rouba*, diz ela. *Eu roubo e me roubam*. Se trabalha, é roubada. Se não trabalha, os policiais roubam o que ela roubou e além disso roubam seu corpo.

Muitas crianças também têm a vida roubada. Segundo o arcebispado de São Paulo, cinco crianças são assassinadas por dia pelas ruas das cidades brasileiras. De acordo com a organização Justiça e Paz, boa parte dos quarenta *descartáveis* que a cada mês são assassinados nas ruas das cidades colombianas são crianças. Os esquadrões da morte, quase sempre integrados por policiais sem uniforme, não deixam marcas. Ninguém fica sabendo; a terra engole os assassinos e engole também as vítimas. Muito raras vezes a regra da impunidade dos grupos de extermínio é rompida, e muito raras vezes se rompe o silêncio. Os treze policiais que assassinaram sessenta indigentes na cidade colombiana de Pereira nunca foram submetidos à justiça penal, mas excepcionalmente sofreram *sanções disciplinares*; e a matança dos meninos que a polícia metralhou nas portas da igreja da Candelária, no Rio de Janeiro, excepcionalmente abalou por um instante a opinião pública.

O lixo de Deus

No começo do século, o cientista inglês Cyril Burt propôs eliminar os pobres muito pobres, *impedindo a propagação da sua espécie*. No final do século, o Pentágono anuncia a renovação dos seus arsenais, adaptados às guerras do futuro, que terão por objetivo os motins nas ruas e os saques; e em algumas cidades latino-americanas, como Santiago do Chile, há câmeras de televisão vigiando as ruas.

O sistema está em guerra contra os pobres que ele mesmo fabrica, e trata os mais pobres como se fossem lixo tóxico. Mas o Sul não pode exportar para o Norte esses resíduos perigosos, que se multiplicam a cada dia. Não há maneira de *impedir a propagação da sua espécie* nem se pode mantê-los escondidos, embora os *descartáveis* não existam na realidade oficial: a população marginal que mais cresceu em Buenos Aires se chama Cidade Oculta; e são chamados de Cidades Perdidas os bairros de lata e papelão que brotam nos barrancos e nos depósitos de lixo dos subúrbios da Cidade do México.

Não faz muito tempo, os *descartáveis* colombianos emergiram debaixo das pedras e se juntaram para gritar. A manifestação explodiu quando ficou-se sabendo que os *grupos de limpeza social* matavam indigentes para vendê-los aos estudantes de medicina que aprendiam anatomia na Universidade Livre de Barranquilla.

E então Buenaventura Vidal,

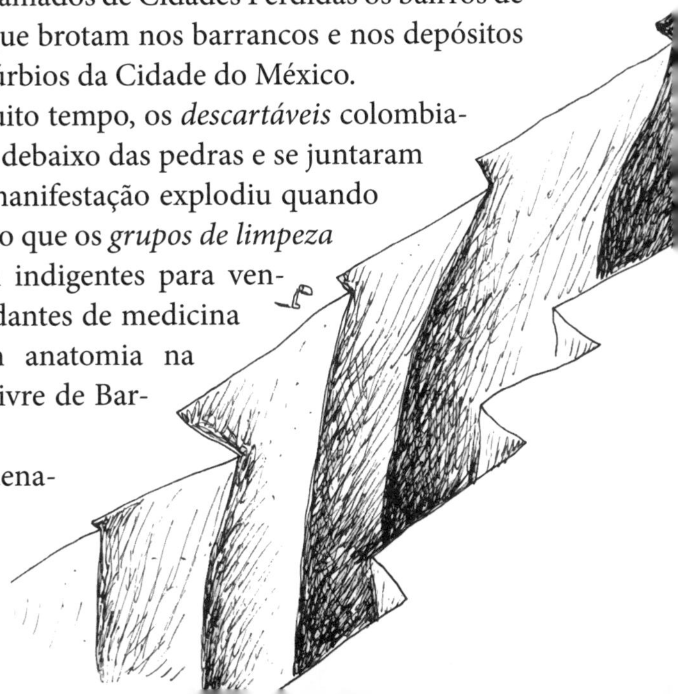

contador de histórias, contou a eles a verdadeira história da Criação. Diante dos vomitados do sistema, Buenaventura contou que sobravam para Deus pedacinhos de tudo que criava. Enquanto nasciam de sua mão o Sol e a Lua, o tempo, o mundo, os mares e as florestas, Deus ia jogando no abismo o que tinha sobrado. Mas Deus, distraído, tinha se esquecido da mulher e do homem, que esperavam lá no fundo do abismo, querendo existir. E diante dos filhos do lixo, Buenaventura contou que a mulher e o homem não tiveram outro remédio a não ser se fazerem a si próprios, e se haviam criado com aquelas sobras de Deus. E por isso nós, nascidos do lixo, temos todos alguma coisa de dia e alguma coisa de noite, e somos um pouco terra e um pouco água e um pouco vento.

A sociedade de consumo

Alaistair Reid escreve para *The New Yorker*, mas quase não vai a Nova York.

Ele prefere viver numa praia perdida da República Dominicana. Nessa praia desembarcou Cristóvão Colombo, alguns séculos atrás, numa de suas excursões ao Japão, e desde aqueles tempos nada mudou.

De vez em quando, o carteiro aparece entre as árvores. O carteiro vem dobrado debaixo da carga. Alaistair recebe montanhas de correspondência. Dos Estados Unidos é bombardeado por ofertas comerciais, folhetos, catálogos, luxuriosas tentações da civilização de consumo incitando a comprar.

Uma vez, entre muita papelada, chegou a propaganda de uma máquina de remar. Alaistair mostrou-a a seus vizinhos, os pescadores.

– Dentro de casa? Se usa dentro de casa?

Os pescadores não conseguiam acreditar.

– Sem água? Rema-se assim, sem água?

Não podiam acreditar, não podiam entender:

– E sem peixes? E sem sol? E sem céu?

Os pescadores disseram a Alaistair que eles se levantavam todas as noites, muito antes do alvorecer, e se metiam mar adentro e jogavam suas redes enquanto o sol se erguia no horizonte, e que essa era a sua vida, e que gostavam daquela vida, mas que remar era a única coisa de merda naquele assunto inteiro:

– *Remar é a única coisa que odiamos* – disseram os pescadores.

Então Alaistair explicou-lhes que a máquina de remar servia para fazer ginástica.

– *Para quê?*

– *Ginástica.*

– *Ah, bom. E o que é ginástica?*

Tempos modernos

É madrugada e estou longe do hotel, bem ao sul da ilha de Manhattan. Tomo um táxi. Digo aonde vou em perfeito inglês, talvez ditado pelo fantasma de meu tataravô de Liverpool. O chofer me responde em perfeito castelhano de Guayaquil.

Começamos a rodar, e o chofer me conta a sua vida. Dispara a falar, e não para. Fala sem olhar para mim, com os olhos grudados no rio de luzes dos automóveis na avenida. Conta dos assaltos que sofreu, das vezes em que quiseram matá-lo, da loucura do trânsito nesta cidade de Nova York, e fala do sufoco, do compre, compre, use, jogue fora, seja comprado, seja usado, seja jogado, e aqui o negócio é abrir caminho na porrada, na base do esmague ou será esmagado, passam por cima de você, e ele está nessa desde que era garoto, desse jeito, desde que era um garoto recém-chegado do Equador – e conta que agora foi abandonado pela mulher.

A mulher foi-se embora depois de doze anos de casamento. *Não é culpa dela*, diz. *Entro e tchau*, diz. *Ela nunca gozou*, diz.

Diz que a culpa é da próstata.

Ser como eles

Para Karl Hübener

Os sonhos e os pesadelos são feitos dos mesmos materiais, mas este pesadelo diz ser nosso único sonho permitido: um modelo de desenvolvimento que despreza a vida e adora as coisas.

Podemos ser como eles?

Promessa dos políticos, razão dos tecnocratas, fantasia dos desamparados: o Terceiro Mundo se transformará em Primeiro Mundo, e será rico e culto e feliz, caso se comporte e se fizer, sem chiar nem entrar em poréns, o que mandarem fazer. Um destino de prosperidade recompensará a boa conduta dos mortos de fome, no capítulo final da telenovela da História. *Podemos ser como eles*, anuncia o gigantesco letreiro luminoso aceso no caminho do desenvolvimento dos subdesenvolvidos e da modernização dos atrasados. Mas *o que não pode ser não pode ser, e além do mais é impossível*, como bem dizia o toureiro Pedro, o Galo: se os países pobres ascenderem ao nível de produção e desperdício dos países ricos, o planeta morre. Nosso infeliz planeta já está em estado de coma, gravemente intoxicado pela civilização industrial e espremido até a penúltima gota pela sociedade de consumo.

Nos últimos vinte anos, enquanto a humanidade triplicava, a erosão assassinou o equivalente a toda a superfície cultivável dos Estados Unidos. O mundo, convertido em mercado e mercadoria, está perdendo 15 milhões de hectares de floresta por ano. Deles, 6 milhões se convertem em desertos. A natureza, humilhada, foi posta ao serviço da acumulação de capital. A terra, a água e o ar são envenenados para que o dinheiro gere mais dinheiro sem que caia a taxa de lucro. Eficiente é quem mais ganha em menos tempo.

A chuva ácida dos gases industriais assassina as florestas e os lagos do Norte do mundo, enquanto os lixos tóxicos envenenam os rios e os mares, e no Sul a agroindústria de exportação avança arrasando árvores e gente. Ao Norte e ao Sul, a Leste e a Oeste, o homem vai serrando, com delirante entusiasmo, o galho onde está sentado.

Da floresta ao deserto: modernização, devastação. Na fogueira incessante da Amazônia arde meia Bélgica por ano, queimada pela civilização da cobiça, e na América Latina inteira a terra está ficando careca e secando. Na América Latina morrem 22 hectares de floresta *por minuto*, em sua maioria sacrificados pelas empresas que produzem carne ou madeira, em grande escala, para consumo alheio. As vacas da Costa Rica se convertem, nos Estados Unidos, em hambúrgueres do McDonald's. Há meio século, as árvores cobriam três quartos do território da Costa Rica: já são muito poucas as árvores que sobram, e no atual ritmo de desmatamento, este pequeno país será terra calva no final do século. A Costa Rica exporta carne para os Estados Unidos, e dos Estados Unidos importa agrotóxicos que os Estados Unidos proíbem de ser usados em seu próprio solo.

Uns poucos países dilapidam os recursos de todos. Crime e delírio da sociedade do desperdício: os seis por cento mais ricos da humanidade devoram um terço de toda a energia e um terço de todos os recursos naturais consumidos no mundo. Conforme revelam as estatísticas, um só norte-americano consome tanto quanto cinquenta haitianos. Claro que a média não define um vizinho do bairro de Harlem, nem define Baby Doc Duvalier, mas de qualquer modo vale perguntar: o que aconteceria se cinquenta haitianos consumissem de repente tanto como cinquenta norte-americanos? O que aconteceria se toda a imensa população do Sul pudesse devorar o mundo com a impune voracidade do Norte? O que aconteceria se fossem multiplicados nessa louca medida os artigos de luxo e os automóveis e as geladeiras e os televisores e as usinas nucleares e as usinas elétricas? O que aconteceria com o clima, que já está perto do colapso por causa do reaquecimento da atmosfera? O que aconteceria com a terra, com a pouca terra que a erosão está deixando para nós? E com a água, que a quarta parte da humanidade já bebe contaminada por nitratos e agrotóxicos e resíduos industriais de mercúrio e de chumbo? O que aconteceria? Não aconteceria. Teríamos de mudar de planeta. Este que nós temos, já bem gasto, não conseguiria bancar o jogo.

O precário equilíbrio do mundo, que roda na beira do abismo, depende da perpetuação da injustiça. A miséria de muitos é necessária para que seja possível o desperdício de poucos. Para que poucos continuem consumindo demais, muitos devem continuar consumindo menos. E para evitar que ninguém passe da linha, o sistema multiplica as armas de guerra. Incapaz de combater a pobreza, combate os pobres, enquanto a cultura dominante, cultura militarizada, abençoa a violência do poder.

O *american way of life*, fundamentado no privilégio dos esbanjadores, só pode ser praticado pelas minorias dominantes dos países dominados. Sua implantação massiva implicaria o suicídio coletivo da humanidade.

Possível, não é. Mas seria desejável?

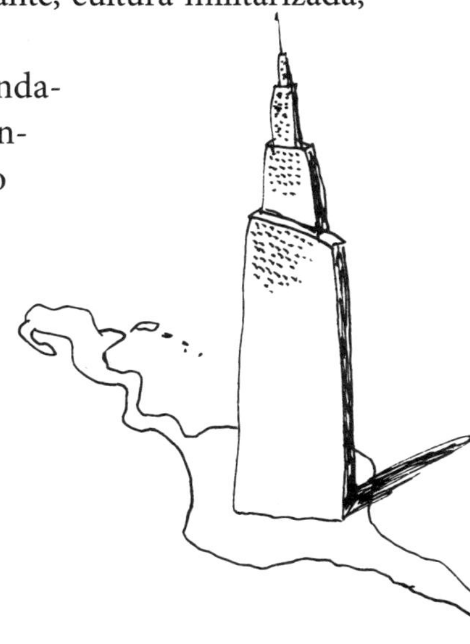

Queremos ser como eles?

Num formigueiro bem organizado, as formigas-rainhas são poucas, e as formigas operárias são muitíssimas. As rainhas nascem com asas e podem fazer amor. As operárias não voam nem amam, trabalham para as rainhas. As formigas policiais vigiam as operárias e também vigiam as rainhas.

A vida é o que acontece enquanto você está ocupado fazendo outras coisas, dizia John Lennon. Na nossa época, assinalada pela confusão entre os meios e os fins, não se trabalha para viver: se vive para trabalhar. Uns trabalham cada vez mais porque precisam mais do que consomem; e outros trabalham cada vez mais para continuar consumindo mais do que precisam.

Parece normal que a jornada de trabalho de oito horas pertença, na América Latina, aos domínios da arte abstrata. O duplo emprego, que as estatísticas oficiais raras vezes confessam, é a realidade de muitíssima gente que não tem outra maneira de desviar da fome. Mas parece normal que o homem trabalhe feito formiga nos cumes do desenvolvimento? A riqueza conduz à liberdade ou multiplica o medo da liberdade?

Ser é ter, diz o sistema. E a armadilha consiste em quem mais tem mais quer, e em resumidas contas as pessoas terminam pertencendo às coisas e trabalhando às suas ordens. O modelo de vida da sociedade de consumo, que hoje em dia se impõe como modelo único em escala universal, transforma o tempo num recurso econômico cada vez mais escasso e mais caro: o tempo é vendido, alugado, vira investimento. Mas quem é o dono do tempo? O automóvel, o televisor, o vídeo, o computador de uso pessoal, o celular e as demais contrassenhas da felicidade, máquinas nascidas para *ganhar tempo* ou para *fazer o tempo passar*, se apoderam do tempo. O automóvel, por exemplo, não apenas dispõe do espaço urbano: também dispõe do tempo humano. Em teoria, o automóvel serve para *economizar tempo*, mas na prática devora o tempo. Boa parte do tempo de trabalho se destina ao pagamento do transporte para o trabalho, que além disso acaba sendo cada vez mais engolidor de tempo graças aos engarrafamentos do trânsito nas babilônias modernas.

Não é preciso ser expert em economia. Basta o senso comum para supor que o progresso tecnológico, ao multiplicar a produtividade, diminui o tempo de trabalho. O senso comum não previu, porém, o pânico do *tempo livre*, nem as armadilhas do consumo, nem o poder manipulador da publicidade. Nas cidades do Japão trabalham-se 47 horas semanais faz vinte anos. Enquanto isso, na Europa, o tempo de trabalho se reduziu, mas muito lentamente, num ritmo que não tem nada a ver com o acelerado desenvolvimento da produtividade. Nas fábricas automatizadas há dez operários onde antes havia mil; mas o progresso tecnológico gera desocupação em vez de ampliar os espaços de liberdade. A liberdade de *perder tempo*: a sociedade de consumo não autoriza semelhante desperdício. Até as férias, organizadas pelas grandes empresas que industrializam o turismo de massa, se converteram numa ocupação esgotadora. *Matar tempo*: os balneários modernos reproduzem a vertigem da vida cotidiana nos formigueiros urbanos.

Pelo que dizem os antropólogos, nossos ancestrais do Paleolítico não trabalhavam mais do que vinte horas por semana. Pelo que dizem os jornais, nossos contemporâneos da Suíça votaram, no final de 1988, num plebiscito que propunha reduzir a jornada de trabalho a quarenta horas semanais: reduzir a jornada sem reduzir os salários. Os suíços votaram contra.

As formigas se comunicam tocando suas antenas. As antenas de televisão se comunicam com os centros de poder do mundo contemporâneo. A telinha nos oferece o afã da propriedade, o frenesi do consumo, a excitação da competição e a ansiedade do êxito, como Colombo oferecia bobagens aos índios. Mercadorias exitosas. A publicidade não nos conta, por sua vez, que os Estados Unidos consomem atualmente, de acordo com a Organização Mundial de Saúde, *quase a metade total de drogas tranquilizantes que são vendidas no planeta*. Nos últimos vinte anos, a jornada de trabalho aumentou nos Estados Unidos. Nesse período, *duplicou* a quantidade de doentes com estresse.

A cidade como câmara de gás

Um camponês vale menos que uma vaca e mais que uma galinha, me informam em Caaguazú, no Paraguai. E no nordeste do Brasil: *Quem planta não tem terra, e quem tem terra não planta*.

Nossos campos se esvaziam, as cidades latino-americanas viram infernos do tamanho de países. A cidade do México cresce a um ritmo de meio milhão de pessoas e trinta quilômetros quadrados *por ano*: já tem cinco vezes mais habitantes que a Noruega inteira. Daqui a pouco, no final do século, a capital do México e a cidade de São Paulo serão as maiores do mundo.

As cidades do Sul do planeta são como as grandes cidades do Norte, mas vistas num espelho deformador. A modernização copiadora multiplica os defeitos do modelo. As capitais latino-americanas, estrepitosas, saturadas de fumaça, não têm faixas para bicicletas nem filtros para gases tóxicos. O ar limpo e o silêncio são artigos tão raros e tão caros que já nem os ricos mais ricos podem comprar.

No Brasil, a Volkswagen e a Ford fabricam automóveis *sem filtros* para vender no Brasil e nos outros países do Terceiro Mundo. Em compensação, essas mesmas filiais brasileiras da Volkswagen e da Ford produzem automóveis *com filtros* (conversores catalíticos) para vender no Primeiro Mundo. A Argentina produz gasolina sem chumbo para exportação. Para o mercado interno, produz gasolina venenosa. Em toda a América Latina os automóveis têm a liberdade de vomitar chumbo pelos escapamentos. Do ponto de vista dos automóveis, o chumbo eleva a octanagem e aumenta a taxa de lucro. Do ponto de vista das pessoas, o chumbo afeta o cérebro e o sistema nervoso. Os automóveis, donos das cidades, não ouvem os intrusos.

Ano 2000, lembranças do futuro: pessoas com máscaras de oxigênio, pássaros que tossem em vez de cantar, árvores que se negam a crescer. Atualmente, na Cidade do México, a gente vê cartazes que dizem: *Roga-se não mexer nos muros* e *Favor não bater a porta*. Ainda não há cartazes que digam: *Recomenda-se não respirar*. Quanto vai demorar para que essas advertências à saúde pública apareçam? Os automóveis e as fábricas dão de presente para a atmosfera, a cada dia, 11 mil toneladas de gases e fumaças inimigas. Há uma névoa de sujeira no ar, as crianças já nascem com chumbo no sangue e em mais de uma ocasião choveram pássaros mortos sobre a cidade que era, em tempos não tão longínquos, *a região mais transparente do ar*. Agora o coquetel de monóxido de carbono, bióxido de enxofre e óxido de nitrogênio chega a ser três vezes superior ao máximo tolerável para os seres humanos. Qual será o máximo tolerável para os seres urbanos?

Cinco milhões de automóveis: a cidade de São Paulo foi definida como um doente nas vésperas do enfarte. Uma nuvem de gases mascara a cidade. Só nos domingos dá para ver, lá de fora, a cidade mais desenvolvida do Brasil. Nas avenidas do centro, cartazes luminosos advertem a população a cada dia:

Qualidade do ar: ruim.

De acordo com as estações medidoras, o ar esteve sujo ou muito sujo durante 323 dias do ano de 1986.

Em junho de 1989, Santiago do Chile disputou com a Cidade do México e com São Paulo, nuns dias sem chuva nem vento, o campeonato mundial da contaminação. O morro de San Cristóbal, em pleno centro de Santiago, não aparecia, escondido por uma máscara de fumaça. O nascente governo democrático do Chile impôs algumas medidas mínimas contra as oitocentas toneladas de gases que a cada dia se incorporam ao ar da cidade. Então os automóveis e as fábricas puseram a boca no trombone: aquelas limitações violavam a liberdade de empresa e machucavam o direito da propriedade. A liberdade do dinheiro, que despreza a liberdade de todos os demais, havia sido ilimitada durante a ditadura do general Pinochet, e tinha feito uma valiosa contribuição ao envenenamento generalizado. O direito a contaminar é um incentivo fundamental para o investimento estrangeiro, quase tão importante como o direito de pagar salários anões. Afinal, o general Pinochet nunca tinha negado aos chilenos o direito de respirar merda.

A cidade como cárcere

A sociedade de consumo, que consome as pessoas, obriga as pessoas a consumirem, enquanto a televisão distribui cursos de violência a letrados e analfabetos. Os que não têm nada podem viver muito longe dos que têm tudo, mas a cada dia os espiam pela telinha. A televisão exibe o obsceno desperdício da festa do consumo e, ao mesmo tempo, mostra a arte de abrir distância a tiros.

A realidade imita a televisão, a violência urbana é a continuação da televisão, mas por outros meios. Os meninos de rua praticam a iniciativa privada no delito, que é o único campo em que podem desenvolver essa iniciativa. Seus direitos humanos se reduzem a roubar e a morrer. Os filhotes de tigre, abandonados à própria sorte, saem em caçada. Em qualquer esquina dão o bote e fogem. A vida acaba cedo, consumida pelo crack e outras drogas boas para enganar a fome e o frio e a solidão; ou é liquidada quando alguma bala corta a vida pela raiz.

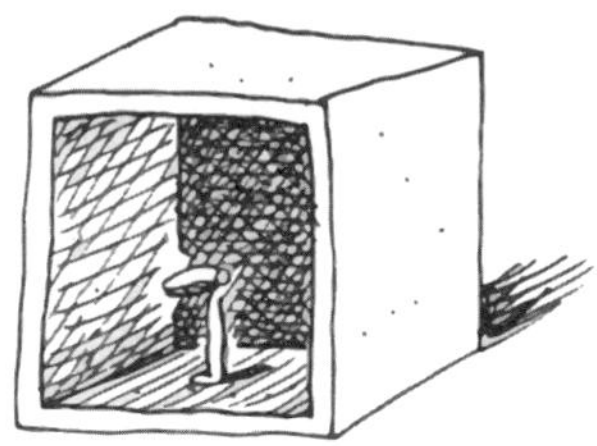

Caminhar pelas ruas das grandes cidades latino-americanas está se transformando numa atividade de alto risco. Ficar em casa também. A cidade como cárcere: quem não está preso pela necessidade, está preso pelo medo. Quem tem alguma coisa, por pouco que seja, vive debaixo de estado de ameaça, condenado ao pânico do próximo assalto. Quem tem muito vive trancado em fortalezas de segurança. Os grandes edifícios e conjuntos residenciais são castelos feudais da era eletrônica. Falta a eles o fosso dos crocodilos, é verdade, e também falta a eles a majestosa beleza dos castelos da Idade Média, mas têm grandes grades que se erguem, muralhas altas, torres de vigilância e guardas armados.

O Estado, que já não é paternalista mas policial, não pratica a caridade. Pertencem à antiguidade aqueles tempos da retórica sobre a domesticação dos descarrilhados por meio das virtudes do estudo e do trabalho. Na época da economia de mercado, os frutos humanos que sobram são eliminados por fome ou por tiro. Os meninos de rua, filhos da mão de obra marginal, não são nem podem ser úteis para a sociedade. A educação pertence a quem pode pagar por ela; a repressão é exercida contra quem não pode comprá-la.

Segundo o *The New York Times*, entre janeiro e outubro de 1990 a polícia assassinou mais de quarenta meninos nas ruas da cidade da Guatemala. Os cadáveres dos meninos, meninos mendigos, meninos ladrões, meninos reviradores de lixo, apareceram sem línguas, sem olhos, sem orelhas, atirados em lixeiras. Segundo a Anistia Internacional, durante 1989 foram executados 457 meninos e adolescentes nas cidades brasileiras de Rio de Janeiro, São Paulo e Recife. Esses crimes, cometidos pelos Esquadrões da Morte e outras forças da ordem paramilitar, não aconteceram em áreas rurais atrasadas, mas nas mais importantes cidades do Brasil: não aconteceram onde o capitalismo *falta*, mas onde o capitalismo *sobra*. A injustiça social e o desprezo pela vida crescem com o crescimento da economia.

Em países onde não há pena de morte, aplica-se cotidianamente a pena de morte em defesa do direito de propriedade. E os formadores de opinião costumam fazer a apologia do crime. Em meados de 1990, na cidade de Buenos Aires, um engenheiro matou a tiros dois jovens ladrões que tinham fugido com o toca-fitas do seu automóvel. Bernardo Neustadt, o jornalista argentino mais influente, comentou na televisão: *Eu teria feito a mesma coisa*. Nas eleições brasileiras de 1986, Afanásio Jazadji ganhou uma cadeira de deputado no estado de São Paulo. Foi um dos deputados mais votados na história do estado. Jazadji tinha conquistado sua imensa popularidade a partir dos microfones do rádio. Seu programa defendia aos berros os Esquadrões da Morte e pregava a tortura e o extermínio dos delinquentes.

Na civilização do capitalismo selvagem, o direito de propriedade é mais importante que o direito à vida. As pessoas valem menos que as coisas. Acaba sendo revelador, nesse sentido, o caso das leis de impunidade. As leis que absolveram o terrorismo de Estado exercido pelas ditaduras militares nos três países do Sul perdoaram o crime e a tortura, mas não perdoaram os delitos contra a propriedade (Chile: Decreto-lei 2.191, em 1978; Uruguai: Lei 15.848, em 1986; Argentina: Lei 23.521, em 1987).

O "custo social" do Progresso

Fevereiro de 1989, Caracas. Sobe rumo às nuvens, de repente, o preço da passagem de ônibus, o preço do pão se multiplica por três, e explode a fúria popular: nas ruas ficam esticados trezentos mortos, ou quinhentos, quem sabe?

Fevereiro de 1991, Lima. A peste da cólera ataca o litoral do Peru, se lança sobre o porto de Chimbote e os subúrbios miseráveis da cidade de Lima, e mata cem em poucos dias. Nos hospitais não há soro nem sal. O ajuste econômico do governo desmantelou o pouco que tinha sobrado da saúde pública, e duplicou, num relâmpago, a quantidade de peruanos em estado de pobreza crítica, que ganham menos que o salário-mínimo. O salário-mínimo é de 45 dólares *por mês*.

As guerras de agora, guerras eletrônicas, acontecem em telas de videogame. As vítimas não se ouvem nem se veem. A economia de laboratório também não escuta nem vê os famintos, a terra arrasada. As armas de controle remoto matam sem remorso. A tecnologia internacional, que impõe ao Terceiro Mundo seus programas de desenvolvimento e seus planos de ajuste, também assassina lá de fora e lá de longe.

Faz mais de um quarto de século que a América Latina vem desmantelando os frágeis diques opostos à prepotência do dinheiro. Os banqueiros credores bombardearam essas defesas com as certeiras armas da extorsão, e os militares ou os políticos ajudaram a derrubá-las, dinamitando-as por dentro. Assim vão caindo, uma atrás da outra, as barreiras de proteção erguidas, em outros tempos, a partir do Estado. E agora o Estado está vendendo as empresas públicas nacionais a troco de nada, ou pior que nada, porque o que vende, paga. Nossos países entregam as chaves e todo o resto aos monopólios internacionais, agora chamados de *fatores de formação de preços*, e se transformam em mercados livres. A tecnocracia internacional, que nos ensina a dar injeções em pernas de pau, diz que o mercado livre é o talismã da riqueza. Por que os países ricos, que pregam isso, não praticam isso? O mercado livre, que humilha os fracos, é o mais exitoso produto de exportação dos fortes. Fabrica-se para consumo dos países pobres. Nenhum país rico o usou jamais.

Talismã da riqueza para quantos? Dados oficiais do Uruguai e da Costa Rica, os países onde antes menos ardiam as contradições sociais: agora, um de cada seis uruguaios vive em extrema pobreza, e são pobres duas de cada cinco famílias da Costa Rica.

O duvidoso matrimônio da oferta com a demanda, num mercado livre que serve ao despotismo dos poderosos, castiga os pobres e gera uma economia de especulação.

A produção é desalentada, o trabalho é desprestigiado e o consumo é divinizado. As vitrines das casas de câmbio são contempladas como se fossem telas de salas de cinema, e fala-se do dólar como se o dólar fosse uma pessoa:

– *E o dólar, como vai?*

A tragédia se repete como farsa. Desde os tempos de Cristóvão Colombo a América Latina sofreu como tragédia própria o desenvolvimento do capitalismo alheio. Agora, repete como farsa. É a caricatura do desenvolvimento: um anão que finge ser menino.

A tecnocracia vê números e não vê pessoas, mas só vê os números que convém olhar. Ao final deste longo quarto de século, são celebrados alguns êxitos da *modernização*. O *milagre boliviano*, por exemplo, realizado por obra e graça do dinheiro do narcotráfico: o ciclo do estanho se acabou, e com a queda do estanho vieram abaixo os centros mineiros e os sindicatos mais briguentos da Bolívia: agora, a cidade de Llallagua, que não tem água potável, conta com uma antena parabólica de televisão no topo do morro do Calvário. O *milagre chileno*, fruto da varinha mágica do general Pinochet, exitoso produto que está sendo vendido, em poções, aos países do Leste. Mas qual é o preço do milagre chileno? E quem são os chilenos que pagaram e pagam esse preço? Quem serão os poloneses e os tchecos e os húngaros que pagarão? No Chile, estatísticas oficiais proclamam a multiplicação de pães e, ao mesmo tempo, confessam a multiplicação dos famintos. O galo canta vitória. Esse cacarejar é suspeito. Será que o fracasso não lhe subiu à cabeça? Em 1970, vinte por cento dos chilenos eram pobres. Agora, são 45 por cento.

As cifras confessam, mas não se arrependem. No final das contas, a dignidade humana depende do cálculo de custos e benefícios, e o sacrifício dos pobres não é outra coisa que o *custo social* do Progresso.

Qual seria o valor desse *custo social*, se ele pudesse ser medido? No final de 1990, a revista *Stern* fez uma cuidadosa estimativa dos danos produzidos pelo desenvolvimento na Alemanha atual. A revista avaliou, em termos econômicos, os prejuízos humanos e materiais derivados de acidentes de automóveis, dos congestionamentos de trânsito, da contaminação do ar, da água e dos alimentos, da deterioração dos espaços verdes e outros fatores, e chegou à conclusão que o valor dos danos equivale à quarta parte de todo o produto interno bruto, o tal PIB, da economia alemã. A multiplicação da miséria não aparecia, obviamente, entre esses danos, porque já faz uns tantos séculos que a Europa alimenta a sua riqueza com a pobreza alheia, mas seria interessante saber até onde poderia chegar uma avaliação semelhante se fosse aplicada às catástrofes da *modernização* da América Latina. E é preciso levar em conta que, na Alemanha, o Estado controla e limita, até certo ponto, os efeitos nocivos do sistema sobre as pessoas e sobre o meio ambiente. Qual seria a avaliação do dano em países como os nossos, que acreditaram na lorota do mercado livre e deixam que o dinheiro se mova feito um tigre solto? Do dano que um sistema que nos atordoa de necessidades artificiais para que esqueçamos nossas necessidades reais nos faz e nos fará? Até onde poderia ser medido? É possível medir as mutilações da alma humana? A multiplicação da violência, o envilecimento da vida cotidiana?

O Oeste vive a euforia do triunfo. Depois da derrubada do Leste, o álibi está servido: no Leste, era pior. Era pior? Na verdade, creio eu, deveria ser perguntado se era essencialmente *diferente*. A Oeste: o sacrifício da justiça, em nome da liberdade, nos altares da deusa Produtividade. Ao Leste: o sacrifício da liberdade, em nome da justiça, nos altares da deusa Produtividade.

Ao Sul, estamos ainda a tempo de nos perguntarmos se essa deusa merece as nossas vidas.

O reino das baratas

Quando visitei Cedric Belfrage em Cuernavaca, a cidade de Los Angeles já continha 16 milhões de pessomóveis, gente com rodas no lugar das pernas, e portanto não se parecia muito com a cidade que ele tinha conhecido quando chegou a Hollywood na época do cinema mudo, e nem se parecia com a cidade que Cedric ainda amava quando o senador McCarthy expulsou-o durante a caça às bruxas.

Desde a expulsão, Cedric vive em Cuernavaca. Alguns amigos, sobreviventes dos velhos tempos, aparecem de vez em quando em sua casa ampla e luminosa, e também aparece, de vez em quando, uma misteriosa borboleta branca que bebe tequila.

Eu vinha de Los Angeles e tinha estado no bairro onde Cedric vivera, mas ele não me perguntou sobre Los Angeles. Los Angeles não interessava, ou ele fazia de conta que não interessava. Em compensação, perguntou-me pelos meus dias no Canadá, e começamos a falar da chuva ácida. Os gases venenosos das fábricas, devolvidos à terra lá das nuvens, já tinha exterminado 14 mil lagos no Canadá. Não havia mais vida nenhuma, nem plantas nem

peixes nesses 14 mil lagos. Eu tinha visto uma pequena parte daquela catástrofe.

O velho Cedric olhou-me com seus grandes olhos transparentes e simulou ajoelhar-se perante os que vão reinar sobre a terra:

– *Nós, os seres humanos, abdicamos do planeta* – proclamou – *em favor das baratas.*

Então trouxe a garrafa e encheu os copos:

– *Um golinho, enquanto podemos.*

O MERCADO GLOBAL

Árvores cor de canela, frutos dourados.

Mãos de mogno envolvem as sementes brancas em pacotes de grandes folhas verdes.

As sementes fermentam ao sol. Depois, já desenvolvidas, o sol as seca, à intempérie, e lentamente as pinta da cor de cobre.

Então, o cacau inicia sua viagem pelo mar azul.

Das mãos que o cultivam até as bocas que o comem, o cacau é processado nas fábricas de Cadbury, Mars, Nestlé ou Hershey e é vendido nos supermercados do mundo: a cada dólar que entra em caixa, três centavos e meio vão para as aldeias de onde o cacau vem.

Richard Swift, um jornalista de Toronto, esteve numa dessas aldeias, nas montanhas de Gana.

Percorreu plantações.

Quando sentou-se para descansar, tirou de sua mochila umas barras de chocolate. Na primeira mordida, se viu rodeado de meninos curiosos.

Eles nunca tinham provado aquilo. Adoraram.

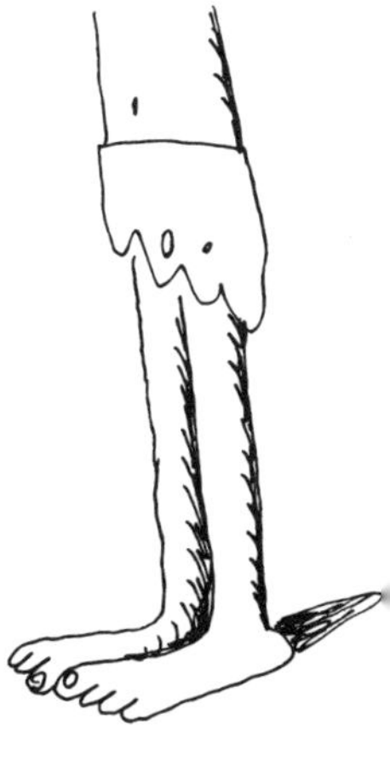

Os donos da água

Há empresas que são como essa formiga, só que muito maiores.

No final do século XX, explodiu a guerra da água em Cochabamba.

Quando a empresa norte-americana Bechtel triplicou a tarifa de um dia para outro, as comunidades indígenas saíram marchando dos vales e bloquearam Cochabamba, e também a cidade se rebelou e todos ergueram barricadas e queimaram as contas de água, numa grande fogueira, na Plaza de Armas.

O governo da Bolívia respondeu a bala, como é habitual. Houve estado de sítio, mortos e presos, mas a rebelião continuou, incontida, dia após dia, noite após noite, durante dois meses, até que no ataque final a população de Cochabamba desprivatizou a água e recuperou o regadio de seus corpos e suas plantações.

Mas na cidade de La Paz, os protestos não impediram que a empresa francesa Suez se apoderasse da água. A tarifa foi às nuvens, e quase ninguém conseguiu pagar a conta. Por que será?, se perguntaram os especialistas europeus e os governantes nacionais. Era claro: por causa do atraso cultural. Os bolivianos pobres, que são quase todos, ignoram que devem se banhar uma vez por dia, como é costume na Europa há quinze minutos, e também ignoram que devem lavar o automóvel que não têm.

30 DE NOVEMBRO: ENCONTRO NO PARAÍSO

No ano de 2010, começou outra conferência mundial, a de número 1.001, em defesa do meio ambiente.

Como de costume, os exterminadores da natureza lhe recitaram poemas de amor.

Aconteceu em Cancun.

Melhor lugar, impossível.

À primeira vista, Cancun é um cartão-postal, mas essa aldeia de pescadores se transformou, no último meio século, num modernoso e gigantesco hotel de 30 mil quartos, que no caminho da sua prosperidade esmagou dunas, lagos, praias virgens, bosques virgens, manguezais e todos os obstáculos que a natureza colocava diante de seu exitoso desenvolvimento. Até a areia das praias foi sacrificada, e agora Cancun compra areia alheia.

29 DE MARÇO:
AQUI EXISTIU UMA SELVA

Milagre na selva amazônica: no ano de 1967, um grande jorro de petróleo brotou do lago Agrio.

A partir de então, a empresa Texaco sentou-se à mesa, guardanapo no pescoço e garfo na mão, e se fartou de engolir petróleo e gás durante um quarto de século, e cagou sobre a selva equatoriana 77 bilhões de litros de veneno.

Os indígenas não conheciam a palavra *contaminação*. Ficaram conhecendo quando os peixes desandaram a morrer nos rios de barriga para cima, as lagoas ficaram salgadas, as árvores secaram na beira d'água, os animais começaram a fugir, a terra deixou de dar frutos e as pessoas passaram a nascer doentes.

Vários presidentes do Equador, todos eles acima de qualquer suspeita, colaboraram na tarefa, que foi desinteressadamente aplaudida pelos publicitários que a exaltaram, os jornalistas que a enfeitaram, os advogados que a defenderam, os especialistas que a justificaram e os cientistas que a absolveram.

16 DE AGOSTO: AS SEMENTES SUICIDAS

Há uns 360 milhões de anos, as plantas vêm produzindo sementes fecundas, que geram novas plantas e novas sementes, e nunca receberam um tostão por esse favor que fazem a todos nós.

Mas em 1998 foi outorgada à empresa Delta and Pine a patente que santifica a produção e a venda de sementes estéreis, que obrigam a comprar novas sementes a cada semeadura. E em meados do ano de 2006, a empresa Monsanto, de nome sacro, se apoderou da Delta and Pine, e também da patente.

E assim a Monsanto consolidou seu poder universal: as sementes estéreis, chamadas de *sementes suicidas* ou *sementes Terminator*, integram o muito lucrativo negócio que também obriga a comprar herbicidas, pesticidas e outros venenos da farmácia transgênica.

Na Páscoa do ano de 2010, poucos meses depois do terremoto, o Haiti recebeu um grande presente da Monsanto: 60 mil sacas de sementes produzidas pela indústria química. Os camponeses se juntaram para receber a oferenda e queimaram todas as sacas numa imensa fogueira.

Sementes

No Brasil, os camponeses perguntaram: *Por que tem tanta gente sem terra, tendo tanta terra sem gente?* Responderam a eles a bala.

Mas eles tinham perdido o medo, que era sua única herança. E também continuaram perguntando, e conquistando terras, e cometendo o delito de querer trabalhar.

Foram milhões e continuaram perguntando. Perguntaram: *Por que permitem que as torturas químicas atormentem a terra?* E também: *O que será de nós se as sementes deixarem de ser sementes?*

No começo do ano de 2001, os camponeses sem terra invadiram uma plantação experimental de sementes geneticamente modificadas, da empresa Monsanto, no Rio Grande do Sul. Não deixaram de pé nem uma única planta de soja artificial.

A plantação se chamava *Não me toque.*

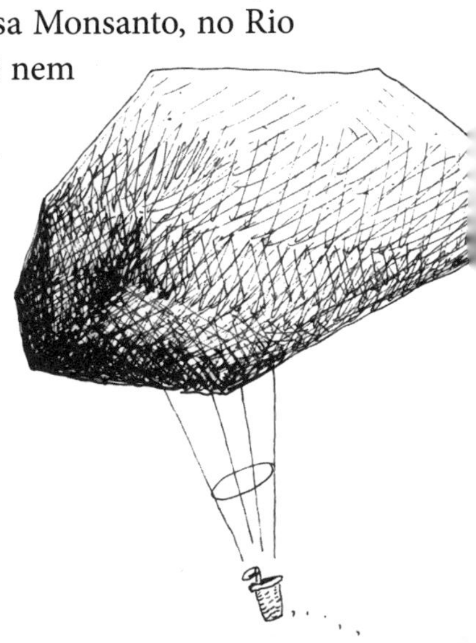

Senhora que escuta

Ao mesmo tempo, a milhares de léguas ao sul, os índios u'wa foram expulsos a tiros de suas terras nas montanhas de Samoré. Helicópteros e tropas de infantaria limparam o caminho para a empresa Occidental Petroleum, e a imprensa colombiana divulgou palavras de boas-vindas a *este avanço do progresso num meio hostil.*

Quando as brocas gigantes começaram sua tarefa, os especialistas anunciaram que a perfuração iria render pelo menos 1,4 bilhão de barris de petróleo.

Ao amanhecer e ao entardecer de cada dia, os índios se juntavam para cantar seus esconjuros nos picos enevoados.

Ao final de um ano, a empresa tinha gasto 60 milhões de dólares, e não tinha aparecido nem uma mísera gota de petróleo.

Os u'wa comprovaram, uma vez mais, que a terra não é surda. A terra os havia escutado e havia escondido o petróleo, seu sangue negro, para que as árvores não morressem, e os pastos não secassem, e os mananciais não manassem veneno.

Em sua língua, u'wa significa *gente que pensa.*

Uma nação chamada Lixo

Em 1997, o navegante Charles Moore descobriu ao sul do oceano Pacífico um novo arquipélago, feito de lixo, e que já era três vezes maior que a Espanha.

As cinco ilhas que formam esse imenso lixão se alimentam de plásticos, pneus usados, ferros-velhos, resíduos industriais e minerais, e muitíssimos outros restos que a Civilização atira das cidades ao mar aberto.

No ano de 2013, começaram uma campanha para outorgar a categoria de estado a essa nova nação, que bem poderia ter bandeira própria.

Aprendizes de feiticeiro

Desde o começo deste milênio existem especialistas que trabalham para salvar a humanidade em laboratórios dignos do doutor Frankenstein.

Instalaram-se nas ilhas Cayman, mas não para evadir impostos, como poderiam pensar os mal pensantes, e sim para inventar novos métodos para acabar com o aquecimento do planeta e outras maldições.

Para combater o desastre climático, semearam nuvens no céu enquanto esfriavam a terra lançando canhonaços de enxofre na atmosfera e na estratosfera. E, para acabar com os mosquitos, geraram milhões de machos estéreis, os mosquitos transgênicos, que enganam as mosquitas com promessas de amor, mas nunca se reproduzem.

Outros desastres naturais

Em 1879, após três invernos sem chuvas, os hindus são 9 milhões a menos.

A culpa é da natureza:

– *São desastres naturais* – dizem os que sabem.

Mas na Índia, nesses anos atrozes, o mercado castiga mais que a seca.

Pela lei do mercado, a liberdade oprime. A liberdade do comércio, que obriga a vender, proíbe comer.

A Índia é uma plantação colonial, não uma casa de caridade. O mercado manda. Sábia é a sua mão invisível, que faz e desfaz; e ninguém tem por que se meter a corrigi-la.

O governo britânico se limita a ajudar a morrer uns quantos moribundos, em seus campos de trabalho chamados de *campos de socorro*, e a exigir os impostos que os camponeses não conseguem pagar. Os camponeses perdem suas terras, que são vendidas por nada; e por nada são vendidos os braços que trabalham, enquanto a escassez manda para as nuvens o preço dos grãos que os empresários arrebanham.

Os exportadores vendem mais do que nunca. Montanhas de trigo e de arroz são despejadas nos cais de Londres e de Liverpool. A Índia, colônia faminta, não come mas dá de comer. Os britânicos comem a fome dos hindus.

É bem cotada no mercado essa mercadoria chamada fome, que amplia as oportunidades de investimento, reduz os custos de produção e eleva o preço dos produtos.

13 DE FEVEREIRO: O PERIGO DE BRINCAR

No ano de 2008, Miguel López Rocha, que estava brincando nos arredores da cidade mexicana de Guadalajara, escorregou e caiu no rio Santiago.

Miguel tinha oito anos de idade.

Não morreu afogado.

Morreu envenenado.

O rio contém arsênico, ácido sulfúrico, mercúrio, cromo, chumbo e furano, jogados em suas águas pela Aventis, Bayer, Nestlé, IBM, DuPont, Xerox, United Plastics, Celanese e outras empresas, que em seus países estão proibidas de fazer esse tipo de doação.

29 DE OUTUBRO: HOMEM DE BOM CORAÇÃO

Em 1981, num gesto de generosidade que faz jus à sua memória, o general Augusto Pinochet vendeu a preço de presente os rios, os lagos e as águas subterrâneas do Chile.

Algumas empresas mineradoras, como a suíça Xstrata, e empresas elétricas, como a espanhola Endesa e a estadunidense AESGener, se fizeram donas, para a perpetuidade, dos rios mais caudalosos do Chile. A Endesa recebeu uma extensão de águas equivalente ao mapa da Bélgica.

Os camponeses e as comunidades indígenas perderam o direito à água, condenados a comprá-la, e a partir daí o deserto avança, comendo terras férteis, e vai se esvaziando de gente a paisagem rural.

O Juízo Final

Não consigo tirar da cabeça o pressentimento de que sofreremos, algum dia, um Juízo Final. E imagino todos nós interpelados por fiscais que nos apontarão com a pata ou com o galho, acusando-nos de ter convertido o reino deste mundo num deserto de pedra:

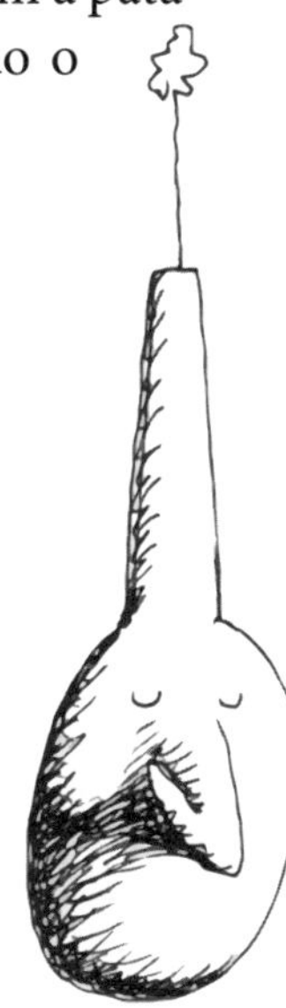

– *O que foi que vocês fizeram deste planeta? Em que supermercado compraram este mundo? Quem outorgou a vocês o direito de nos maltratar e nos exterminar?*

E vejo um alto tribunal de bichos e plantas ditando sentença de condenação eterna contra o gênero humano.

Pagarão os justos pelos pecadores? Passaremos todos a eternidade no inferno? Assados todos nós a fogo lento junto com os envenenadores da terra, da água e do ar?

Antes, eu achava que o Juízo Final era assunto de Deus. Sol negro, lua de sangue, ira divina: assim, na pior das hipóteses, eu iria compartilhar a churrasqueira perpétua com os assassinos seriais, as cantoras da televisão e os críticos literários.

Agora, comparando, isso me parece coisinha à toa.

Índice

IMPRESSÃO:

PALLOTTI
GRÁFICA

Santa Maria - RS | Fone: (55) 3220.4500
www.graficapallotti.com.br